O Espírito do Senhor:
força dos fracos

Víctor Codina, sj

O Espírito do Senhor: força dos fracos

Dados Internacionais de Catalogação na Publicação (CIP)
(Câmara Brasileira do Livro, SP, Brasil)

Codina, Victor
O Espírito do Senhor : força dos fracos / Victor Codina ; [tradução Paulo
F. Valério]. -- São Paulo : Paulinas, 2019. -- (Primícias)

Título original: El espíritu del señor actúa desde abajo
ISBN 978-85-356-4537-8

1. Espírito Santo 2. Teologia cristã I. Título. II. Série.

19-27232 CDD-231.3

Índice para catálogo sistemático:
1. Espírito Santo : Teologia cristã 231.3
Cibele Maria Dias - Bibliotecária - CRB-8/9427

Título original da obra: *El Espíritu del Señor actúa desde abajo*
© 2015, Grupo de Comunicación Loyola, S.L.U. – Bilbao, España.

1ª edição – 2019

Direção-geral:	*Flávia Reginatto*
Editores responsáveis:	*Vera Ivanise Bombonatto*
	João Décio Passos
Tradução:	*Paulo F. Valério*
Copidesque:	*Mônica Elaine G. S. da Costa*
Coordenação de revisão:	*Marina Mendonça*
Revisão:	*Sandra Sinzato*
Gerente de produção:	*Felício Calegaro Neto*
Capa e projeto gráfico:	*Tiago Filu*

Nenhuma parte desta obra poderá ser reproduzida ou transmitida
por qualquer forma e/ou quaisquer meios (eletrônico ou mecânico,
incluindo fotocópia e gravação) ou arquivada em qualquer sistema ou
banco de dados sem permissão escrita da Editora. Direitos reservados.

Paulinas
Rua Dona Inácia Uchoa, 62
04110-020 – São Paulo – SP (Brasil)
Tel.: (11) 2125-3500
http://www.paulinas.com.br – editora@paulinas.com.br
Telemarketing e SAC: 0800-7010081
© Pia Sociedade Filhas de São Paulo – São Paulo, 2019

A Francisco:
do fim do mundo, eleito bispo de Roma

Sumário

À guisa de justificativa 9

Capítulo 1 | Uma irrupção vulcânica do Espírito 13

1. Momentos estelares 13
2. As décadas dos anos 1970 e 1990 na América Latina 15
3. Antecedentes sociopolíticos 18
4. Antecedentes eclesiais 21
5. Medellín e Puebla 23
6. Os Santos Padres da América Latina 28
7. As Comunidades Eclesiais de Base 31
8. O compromisso laical com a sociedade e a Igreja 34
9. A vida religiosa inserida entre os pobres 37
10. O martírio 39
11. Recapitulação e discernimento 42

Capítulo 2 | Releitura bíblica a partir da base 47

1. O Espírito de justiça 47
2. O Espírito, alento de vida em situações de caos e de morte ... 53
3. Pai-mãe dos pobres 62
4. Síntese 67

Capítulo 3 | A pneumatologia patrística e os pobres 69

1. No contexto do Concílio de Constantinopla I 70
2. As duas mãos do Pai 73

3. O Espírito, laço de comunhão amorosa 78
4. Dignidade da pessoa e destino universal dos bens 81
5. Conclusão 86

Capítulo 4 | Releitura da tradição cristã ocidental 89
1. Pneumatologia da cristandade medieval 91
2. O polo profético 96
3. A Reforma 100
4. A restauração pós-revolucionária 105
5. Vazios e sucedâneos 111
6. Conclusões 117

Capítulo 5 | Pneumatologia da Igreja oriental 121
1. A visão trinitária oriental 122
2. O Espírito Santo, doador de vida 127
3. A transfiguração da história e do cosmo 133
4. Algumas consequências 139

Capítulo 6 | A pneumatologia em torno do Vaticano II 143
1. Os movimentos precursores do concílio 144
2. Houve um homem enviado por Deus, chamado João 147
3. A pneumatologia dos documentos conciliares 151
4. A pneumatologia ocidental pós-conciliar 156
5. Paralelismo mais do que convergência 159
6. "Pentecostalismo", renovação carismática e *New Age* ... 160
7. Questionamentos e interrogações 167

Capítulo 7 | Teologia da libertação e pneumatologia 169
1. Gênese de um pensamento 169
2. Conteúdos fundamentais da teologia da libertação 176
3. Novo contexto socioeclesial 179
4. Nova situação teológica na América Latina 184
5. Consequências pneumatológicas 196
6. Tentativa de recapitulação 203

Capítulo 8 | Conclusões 207
Epílogo 213

À guisa de justificativa

Há mais de cinquenta anos ouvem-se vozes na Igreja ocidental latina que pedem a elaboração de uma teologia do Espírito Santo que responda às inquietações pessoais, eclesiais e do mundo de hoje. Constata-se que existe um vácuo pneumatológico, tanto na teologia como na práxis pastoral, que tem consequências muito negativas para a vida da Igreja latina.

De um lado, percebe-se na vida eclesial certa asfixia interior, falta de vitalidade, um "cristomonismo", ou seja, uma redução da fé ao mistério de Cristo (embora, inclusive, com certo descuido pelo Jesus histórico), com um esquecimento do Espírito.[1]

De outro, constata-se que, na prática, se tenta compensar este déficit pneumatológico com uma série de sucedâneos, tais como a devoção a Maria e ao papa, inclusive à própria Eucaristia, que, por mais importantes que sejam na fé e na tradição cristão, não podem suprir a ausência do Espírito.

---

[1] Cf. J. I. GONZÁLEZ FAUS, *Herejías del catolicismo actual*, Trotta, Madrid 2013, 117-131. O autor considera que uma destas heresias é o esquecimento do Espírito Santo.

Ainda mais, a explosão carismática e pentecostal que se vive hoje em numerosos setores das Igrejas pode ser interpretada simplesmente como uma reação diante da ausência de pneumatologia na Igreja oficial, ou pode ser considerada como um verdadeiro sinal dos tempos, que é preciso discernir? Indubitavelmente, o Concílio Vaticano II respondeu em parte a esta preocupação pela ausência de uma pneumatologia, mas, ainda assim, depois do concílio, o Papa Paulo VI pronunciou uma profética advertência sobre a necessidade de uma pneumatologia:

> À cristologia e à eclesiologia do concílio deve suceder um estudo novo e um culto novo do Espírito Santo, justamente como complemento necessário da doutrina conciliar.[2]

A esta demanda generalizada de pneumatologia, tem havido diversas respostas teológicas por parte de autores fundamentalmente europeus, com contribuições valiosas que incorporam a riqueza da pneumatologia tradicional. Se os lugares geográficos e históricos a partir dos quais se elabora a teologia não são neutros nem indiferentes, será que uma pneumatologia a partir da América Latina não pode incontestavelmente trazer uma riqueza própria ao reler a tradição bíblica, eclesial e teológica tanto do Ocidente quanto do Oriente, a partir dos pobres, da base, da periferia, do reverso da história, da margem, como um lugar teológico privilegiado?

---

[2] PAULO VI, Audiência geral de 6 de junho de 1973, in *Enseñanzas al Pueblo de Dios*, 1973, Libreria Editrice Vaticana, Città del Vaticano 1970-1978, 74. Esta afirmação é citada na encíclica de João Paulo II sobre o Espírito, *Dominum et vivificantem* (1986), n. 2.

Pessoalmente, trabalhei tanto o tema dos pobres[3] como também o do Espírito.[4] Agora, gostaria de elaborar uma síntese a partir da perspectiva latino-americana que possa ser uma colaboração para uma pneumatologia latino-americana.

Este livro foi pensado e escrito a partir da base, da América Latina, concretamente, da Bolívia. Contudo, certamente por isso, e não somente apesar disso, tem validade mais ampla, universal. Mais ainda, pode ajudar-nos, neste momento, a compreender o roteiro de Francisco, bispo de Roma, vindo do fim do mundo, o contexto e a gênese de seu pensamento e de seus objetivos pastorais e eclesiais, para além das anedotas cotidianas tão midiáticas. Este novo clima pastoral, esta incipiente primavera, o sonho de uma Igreja pobre e para os pobres são, sem dúvida, fruto do Espírito que age a partir da base. Por isso o livro é dedicado a Francisco.

Por fim, mas não em último lugar, agradeço à teóloga argentina Dra. Maria José Caram a revisão de meu manuscrito e seu parecer positivo.

---

[3] Cf. V. CODINA, *Renacer a la solidaridad*, Sal Terrae, Santander 1982; ID, *De la modernidad a la solidaridad*, CEP, Lima 1984.

[4] Id., *Creo en el Espíritu Santo. Pneumatología narrativa*, Sal Terrae, Santander 1994; *"No extingáis el Espíritu". Una iniciación a la Pneumatología*, Sal Terrae, Santander 2008.

CAPÍTULO I
Uma irrupção vulcânica do Espírito

1. Momentos estelares

Seria errôneo crer que a história da humanidade transcorre sempre de modo uniforme e linear, sem momentos de ruptura ou de maior densidade. Historiadores como Stefan Zweig falam de "momentos estelares" da humanidade; Paulo menciona o "tempo oportuno" (*kairós*, cf. 2Cor 6,2; Rm 13,11); o evangelista João fala da "hora" de Jesus, como um tempo forte que implica sua exaltação pascal (Jo 2,4; 13,1); João XXIII popularizou a expressão, de raiz evangélica, "os sinais dos tempos" (Mt 16,3), que o Vaticano II fez sua em *Gaudium et spes* (4; 11; 44).

Na história da salvação, na história da Igreja, portanto, há momentos estelares, oportunos, escatológicos, momentos nos quais Deus visita seu povo (Lc 1,68), sinais dos tempos, o que pressupõe que se faça uma leitura crente da realidade, acreditando que quem conduz o povo de Deus através da história é o Espírito do Senhor (*Gaudium et spes*, 11).

Na história da Igreja, um momento estelar, um tempo favorável, um *kairós*, foi a irrupção dos chamados Padres da Igreja, tanto ocidentais (Cipriano, Ambrósio, Agostinho, Jerônimo, Gregório Magno...) quanto orientais (Irineu, Atanásio, Basílio, Gregório Nazianzeno e Gregório de Nissa, João Crisóstomo...), e também das menos conhecidas Mães da Igreja (Macrina, a Anciã, avó de Basílio, e Macrina, a Jovem, irmã deste; Melânia, a jovem e a anciã; Paula, Marcela e Eustóquio, ligadas a Jerônimo; Mônica, mãe de Agostinho; Olímpia, colaborada de João Crisóstomo...), que, entre os séculos II e V, expressaram e formularam a fé da Igreja com grande sabedoria e com o testemunho de uma vida autenticamente cristã. Acrescentamos que a maioria havia ido para o deserto, a fim de viver uma vida de contemplação e silêncio. Nesse sentido, os Padres e as Madres da Igreja estão estreitamente relacionados com o movimento do monacato, uma corrente profética que surgiu em torno do século IV, quando, com Constantino e Teodósio, a Igreja deixou de ser perseguida e se converteu na religião oficial do Estado romano.

Os movimentos mendicantes dos séculos XII-XIII, com seu desejo de voltar à pobreza evangélica, constituem outro marco histórico. O mesmo se pode afirmar do movimento da Reforma, tanto protestante quanto católica (séculos XV-XVI), que, em meio a ambiguidades e tensões, queria voltar ao Evangelho de Jesus, à cruz e à Palavra.

Em tempos recentes, na metade do século XX, floresce uma série de movimentos teológicos na Europa Central (bíblico, patrístico, ecumênico, litúrgico, social, juvenil...), que fecundam o terreno eclesial e preparam o Concílio Vaticano II, com a contribuição de grandes teólogos que marcaram a linha desse concílio: K. Rahner, M. D. Chenu, Y.-M. Congar, J. Daniélou, H. de Lubac, E. Schillebeeckx, J. Ratzinger, H. Küng... Em continuidade com o anterior, com a nomeação de João XXIII e sua convocatória do Concílio Vaticano II, experimentou-se que Deus visitava seu povo: foi um momento realmente pentecostal para a Igreja, como João XXIII havia desejado e pedido. A nomeação de Jorge Mario Bergoglio como novo bispo de Roma, com o nome de Francisco, não pode significar para a Igreja de hoje um novo momento estelar, um novo *kairós*?

Todos esses momentos favoráveis e de graça que se têm manifestado ao longo da história da Igreja são, sem dúvida, fruto do Espírito do Senhor, que continuamente move a Igreja à conversão ao Evangelho, ao seguimento de Jesus de Nazaré, para a plenitude escatológica do Reino. Toda verdade, toda graça, toda renovação da vida cristã é fruto do Espírito.[1]

2. As décadas dos anos 1970 e 1990 na América Latina

Ora, cremos que a América Latina, depois do Vaticano II, nas décadas dos anos 1970 aos anos 1990, viveu um momento eclesial "estelar", como o foram na história da Igreja a época patrística, os

---

[1] *Omne verum, a quocumque dicatur, a Spiritu Sancto est*: "Toda verdade, não importa de onde venha, procede do Espírito Santo" (Ambrosiaster, *In 1 Cor 12*, PL 17, 258). Cf. TOMÁS DE AQUINO, *Suma Teológica* I-II, 109, 1 *ad* 1; JOÃO PAULO II, *Fides et ratio*, 44.

mendicantes, os movimentos de Reforma, os movimentos teológicos e pastorais que precederam o Vaticano II e o próprio Concílio Vaticano II. Nesses anos, a América viveu uma verdadeira irrupção do Espírito, um tempo favorável, um *kairós*, alguns anos de graça e de especial bênção do Senhor.

Por um lado, essa irrupção vulcânica do Espírito que a América Latina viveu seria impensável sem o Vaticano II, mas, por outro, essa renovação da Igreja latino-americana constitui seguramente a maior e melhor recepção do Vaticano II na Igreja, visto que é uma assimilação vital do concílio com uma grande criatividade: é um modelo de recepção conciliar realmente exemplar.

Dois elementos eclesiológicos e teológicos do Vaticano II possibilitaram especialmente essa recepção criativa do Vaticano II na América Latina: a eclesiologia da Igreja local e a teologia dos sinais dos tempos.

As Igrejas locais (ou particulares), segundo o Vaticano II, não são mera parte ou porção da Igreja; ao contrário, nelas e a partir delas, forma-se a Igreja universal (*Lumen gentium*, 23). Esta nova versão teológica das Igrejas locais, que, segundo K. Rahner, constitui a maior contribuição eclesiológica do Vaticano II, recupera a eclesiologia do primeiro milênio e corrige o excessivo centralismo uniforme da eclesiologia do segundo milênio, bem concretamente, do Vaticano I.[2] Esta eclesiologia da Igreja local é que permitirá a

---

[2] Não é por acaso que, passado o fervor da primavera conciliar, houve quem quisesse questionar a importância da Igreja local e voltar ao centralismo anterior. Um exemplo claro é a carta *Communionis notio* (1992), da Congregação para a Doutrina da Fé, presidida pelo cardeal Joseph Ratzinger, que afirma que a Igreja universal precede ontológica e cronologicamente a Igreja local. Esta carta suscitou muita polêmica, provocando uma discussão pública entre o bispo Walter

releitura do Vaticano II a partir da América Latina e o surgimento de uma eclesiologia latino-americana.

Contudo, a eclesiologia da Igreja local se complementa e se reforça com a teologia dos sinais dos tempos, um tema que João XXIII já havia introduzido em sua encíclica *Pacem in terris*, e que o Vaticano II formulará principalmente em *Gaudim et spes* (4; 11; 44). Trata-se de auscultar e discernir, à luz do Evangelho, as inquietudes e desejos profundos da humanidade, conscientes de que através deles se manifesta o querer de Deus, que, através do Espírito, guia a humanidade para a plenitude do Reino. Daí se segue uma nova metodologia teológica, que não procede de cima, nem necessariamente da fé, tampouco de certos princípios gerais teóricos, mas da realidade. Esta é a metodologia que o próprio documento *Gaudium et spes* empregou: não se parte do mistério trinitário, como na *Lumen gentium*, mas da situação do mundo de hoje e das profundas mudanças sociais, psicológicas, morais e religiosas que a humanidade experimenta (*Gaudium et spes*, 4-10).

Essa teologia e metodologia dos sinais dos tempos permitirá à Igreja latino-americana reler o Vaticano II a partir da realidade, da situação de pobreza injusta que o continente sofre. A metodologia do ver-julgar-agir, que se empregará nas reflexões e documentos

---

Kasper e Joseph Ratzinger. Para Kasper, existe uma simultaneidade cooriginal e "pericorética" entre a Igreja local e a Igreja universal. Essa discussão não é puramente teórica, mas tem consequências pastorais bem concretas. Cf. J. MARTÍNEZ GORDO, "Eclesiología y gobernación. El debate de J. Ratzinger y W. Kasper sobre la relación entre la Iglesia universal y la Iglesia local": *Revista Latinoamericana de Teología*, 66 (2005), 229-250.

teológicos da América Latina, fundamenta-se na teologia dos sinais dos tempos.[3]

A partir destes pressupostos eclesiológicos, pode-se compreender o momento favorável, o *kairós*, que a América Latina viveu desde o final dos anos 1960 até o fim dos anos 1980.

3. Antecedentes sociopolíticos

Seguindo a metodologia latino-americana, não começaremos pela reflexão teológica do que surgiu nestes anos na América Latina, mas pelos antecedentes sociopolíticos e eclesiais do continente. Somente depois abordaremos a dimensão teológica de todo este processo. Não se pode compreender nem apreciar este momento de graça latino-americana sem conhecer previamente sua realidade social e eclesial.

A revolução cubana de Fidel Castro (1959) foi um sinal de alerta para todo o mundo da explosiva situação que se vivia na América Latina. Os Estados Unidos, assustados, iniciaram no tempo de Kennedy a "Aliança para o Progresso", uma ajuda alimentícia para o povo pobre latino-americano. Por outro lado, o golpe militar do general Castelo Branco no Brasil também alarmou os Estados Unidos, que não queriam nem governos comunistas nem ditaduras militares. Por isso, apoiou a Democracia cristã de Frei no Chile. O assassinato de Ernesto Che Guevara em 1967, na Bolívia, significou tanto o interesse por exportar a revolução

---

[3] Por outro lado, essa metodologia não é invenção latino-americana, mas já havia sido empregada em movimentos sociais católicos europeus antes do Vaticano II, por exemplo, na JOC, começada por Cardijn.

O Espírito do Senhor: força dos fracos

cubana para todo o continente, começando pela Bolívia, um país de grande pobreza, quanto o fracasso de querer impor rígidas ideologias políticas a países com outra cultura e outra mentalidade: foram os camponeses bolivianos que comunicaram aos militares a locação do Che, e a consequência foi seu assassinato.

No entanto, desde então, em toda a América Latina, começam a suceder-se mudanças sociais e políticas com uma orientação mais social: Velasco Alvarado, no Peru (1968), Allende, no Chile (1970), J. J. Torres, na Bolívia (1970), retorno de Perón para a Argentina (1973)... Alguns acreditaram, ingenuamente, que toda a América Latina ia entrar na via do socialismo.

A realidade foi bem outra. Os militares vão assumindo o poder no Cone Sul (Banzer, Pinochet, Strossner, Videla...); no Panamá, os Estados Unidos criam a tristemente célebre Escola das Américas que, durante trinta anos, será berço de militares ditadores e torturadores; os militares do Brasil elaboram a ideologia da Segurança Nacional, sob cujo nome se quer justificar o militarismo e a repressão dos dissidentes políticos e religiosos. São anos duros de cativeiro, de exílios, de torturas e violações dos direitos humanos, de assassinatos. À medida que os anos passam, vão-se descobrindo novos horrores daquele tempo.

Com a assunção do poder pelo democrata Carter, nos Estados Unidos, e sua defesa dos direitos humanos, a situação melhora um pouco e começam a aparecer democracias tuteladas. Em 1979, os sandinistas derrotam o ditador Somoza, da Nicarágua, mas logo o presidente Reagan inicia a ofensiva "do contra", pois vê no sandinismo uma ameaça para os Estados Unidos e para a civilização cristã ocidental. Por sua vez, em El Salvador tem início a guerrilha, em 1980, a qual custará ao país dez anos de guerra e mais de setenta mil mortos.

A partir da década dos anos oitentas, a democracia vai-se instaurando timidamente na Argentina, Bolívia, Uruguai, Haiti, Brasil, Paraguai, Chile... Contudo, tanto os países que recuperaram a democracia quanto os que já a viviam anos atrás (Colômbia, Venezuela, México, Costa Rica...) sofrem situações dramáticas de desocupação, alta taxa de mortalidade infantil, dívida externa impagável, narcotráfico, crise ecológica da Amazônia, inflação, diminuição da classe média, falta de produtividade, deterioração crescente da saúde e da educação, progressivo empobrecimento do povo, distância crescente entre uns poucos ricos e uma imensa massa de pobres, violência (Sendero Luminoso, no Peru, guerrilha das FARCs, na Colômbia...), desespero da população, que assalta mercados e lojas, etc.

Acrescentamos a tudo isso a agressão cultural do Primeiro Mundo através dos meios de comunicação social, da exclusão social de indígenas e afro-americanos, a marginalização e a pobreza da mulher, a destruição do meio ambiente...

Ante esta situação, um grupo de economistas, principalmente brasileiros (Celso Furtado, Fernando Henrique Cardoso, Theotonio dos Santos, Cândido Mendes...) elabora a teoria da dependência: a situação da América Latina não é simplesmente de subdesenvolvimento, como o divulgava a teoria desenvolvimentista vigente naquele momento, mas uma situação de dependência, primeiramente dos impérios coloniais ibéricos; em seguida, da Inglaterra, dos Estados Unidos e dos países do Primeiro Mundo, por fim, das multinacionais. Diante desta situação, não basta o desenvolvimento, é necessária uma libertação. A palavra "libertação" estender-se-á ao social, ao político, ao econômico, mas também ao teológico e ao eclesial, com grande carga semântica.

Sem estes pressupostos, não é possível compreender o caminhar da Igreja latino-americana cujo contexto vital, seu *Sitz im Leben*, é um contexto de morte, um *Sitz im Tode*. Nestes anos, tem acontecido uma verdadeira irrupção dos pobres na sociedade, buscando uma mudança de estruturas: o gigante adormecido despertou em busca de sua libertação.

4. Antecedentes eclesiais

Também se tem dado uma irrupção dos pobres na Igreja e uma tomada de consciência eclesial deste fato. Tudo isso, porém, não foi repentino, mas fruto de um longo processo desde o Vaticano II até fins da década de 1960.

Quando João XXIII, em sua mensagem pelo rádio, no dia 11 de setembro de 1962, um mês antes da inauguração do concílio, disse que desejava que o rosto da Igreja conciliar fosse principalmente o da Igreja dos pobres, todo mundo ficou surpreso, inclusive os bispos latino-americanos. Estes foram chamados de "a maioria silenciosa" pelos demais bispos do Concílio Vaticano II. De fato, não estavam a par dos novos movimentos teológicos que haviam surgido na Igreja europeia desde 1950, tampouco estavam plenamente conscientes da gravidade da situação social dos próprios países latino-americanos. Houve, certamente, exceções, como no caso de Helder Camara e Manuel Larraín, que se reuniram na Domus Mariae com outros bispos, principalmente do Terceiro

Mundo, para discutir o tema da pobreza da Igreja, e que publicaram o documento chamado "Pacto das Catacumbas de Santa Domitila", no qual eles, como bispos, se comprometiam a viver em pobreza, renunciando a todo privilégio e a sinais de poder, e se propunham colocar os pobres no centro de seu ministério pastoral.[4]

Os documentos conciliares, por sua vez, tampouco assumiram a proposta de João XXIII sobre os pobres, apesar de algumas intervenções a favor da Igreja dos pobres, como a magistral e realmente evangélica do cardeal Giacomo Lercaro, do dia 6 de dezembro de 1962, que disse que o tema dos pobres era cristológico e devia configurar a Igreja conciliar, pois, sempre que a Igreja se afastava dos pobres, afastava-se do Evangelho, e, ao contrário, toda volta ao Evangelho passava por uma aproximação aos pobres. Somente alguns parágrafos da *Lumen gentium* 8 e da *Gaudium et spes* 1 fazem menção aos pobres.

Que milagre aconteceu no "pós-concílio" para que a Igreja latino-americana se dedicasse de corpo e alma aos pobres?

Recordemos que, em 1955, no Rio de Janeiro, Pio XII convocou a primeira conferência do episcopado latino-americano. A preocupação de Roma era manter a América Latina incólume aos erros teológicos europeus, acima de tudo os dos teólogos franceses (a *Nouvelle Théologie!*), que o Papa Pio XII havia condenado na encíclica *Humani generis* (1950). A América Latina era considerada uma reserva espiritual que deveria ser conservada e, para isso, era necessário preservá-la dos grandes perigos que a ameaçavam: o protestantismo e o comunismo. Esse perigo aumentava principalmente

---

[4]   Cf. F. DE AQUINO JÚNIOR, "Iglesia de los pobres. Del Vaticano II a Medellín y nuestros días": *Revista Latinoamericana de Teología* 87 (2012), 277-298.

por falta de clero, razão por que Pio XII fez um apelo a toda a Igreja para que enviasse missionários à América Latina. O mais positivo desta assembleia foi a criação do CELAM (Conselho Episcopal Latino-americano), antecipando-se ao Vaticano II e a suas diretrizes sobre a colegialidade e as conferências episcopais regionais.

5. Medellín e Puebla

Contudo, somente depois do Vaticano II é que o Papa Paulo VI, certamente convencido de que o concílio havia sido excessivamente eurocêntrico e que devia socializar-se, convocou reuniões regionais dos bispos da América Latina em Medellín (1968), dos da África em Kampala (1969) e dos da Ásia em Manila (1970).

Medellín será elemento decisivo no desenvolvimento da eclesiologia latino-americana, graças a uma recepção criativa do Vaticano II. Medellín preparou-se antecipadamente, por meio de encontros com muitos cristãos comprometidos com a mudança social. Saltavam aos olhos a exploração das classes populares, a pobreza dos camponeses e dos cinturões que formavam a periferia das cidades. Estas situações e os estudos sociais sobre a dependência das grandes potências alertaram os pastores para que tomassem consciência da gravidade e da injustiça da situação social. Experimenta-se um modo diferente de viver a fé por parte de todos os cristãos comprometidos nas lutas sociais. Pouco a pouco se passa da dependência teológica da teologia europeia para o surgimento de uma teologia própria, já não mais reflexo da europeia: a chamada "teologia da libertação", que não é simples reprodução do que se elabora em outros contextos, mas fonte original.

Os temas-chave de Medellín foram os pobres e a justiça, o amor ao irmão, a paz em uma situação de violência institucionalizada, a unidade da história e a dimensão política da fé.[5] Enquanto o Vaticano II, na *Lumen gentium*, ao falar do povo de Deus, não citava o Êxodo, os documentos finais de Medellín, já em sua introdução, comparam a libertação do povo israelita do Egito com a passagem salvífica de Deus agora na América Latina, quando o povo passa de condições de vida menos humanas para condições mais humanas.[6] Os bispos não ficam indiferentes diante das tremendas injustiças sociais que o povo sofre, vivendo em uma pobreza em muitos casos próxima à miséria mais inumana:

> Um surdo clamor nasce de milhões de homens, pedindo a seus pastores uma libertação que não lhes chega de nenhuma parte.[7]

Os bispos estão conscientes de que essa situação é fruto de uma violência institucionalizada, de uma autêntica estrutura de pecado, que exige transformações sociais profundas e renovadoras.[8]

Essa reflexão sobre a pobreza da sociedade leva Medellín a refletir também sobre o testemunho de pobreza da própria Igreja. Ao falar da pobreza da Igreja, Medellín distingue a pobreza como carência, que é um mal, da pobreza espiritual, como atitude de abertura e confiança em Deus, e da pobreza solidária, como compromisso assumido por amor aos pobres, a exemplo de Cristo,

---

5   Cf. R. OLIVEROS, "Historia de la Teología de la liberación", en I. Ellacuría; J. Sobrino (eds.), *Mysterium liberationis I*, Trotta, Madrid 1990, 30-33.

6   Cf. Documento de Medellín, *Introdução*, 6.

7   Id., *Pobreza da Igreja*, 2.

8   Id., *Paz*, 14.16.

que são atitudes evangélicas.[9] Uma Igreja pobre deve denunciar a carência injusta de bens deste mundo, pregar e viver a pobreza espiritual como infância espiritual e comprometer-se na luta contra a pobreza material.[10]

Medellín converte-se em um verdadeiro Pentecostes para a América Latina. Não é simplesmente uma aplicação do Vaticano II, mas uma releitura a partir de um continente que é a um tempo pobre e cristão: é uma recepção criativa do Vaticano II. A partir daqui surgirá um novo estilo de Igreja, em linha com a Igreja dos pobres desejada por João XXIII.

No entanto, o que nos interessa ressaltar e indicar é que essa irrupção do Espírito em Medellín acontece no discernimento dos sinais dos tempos, na escuta do clamor do povo pobre e explorado em busca de libertação. O Espírito age ao rés do chão, a partir dos pobres, da periferia da história e da Igreja, a partir da base. E justamente a partir da base surge algo novo, uma reflexão e uma atitude diferente da que surgiu do concílio, mais centrado na problemática europeia, moderna e secular do que nos pobres e na pobreza. A problemática central da América Latina não é nem o ateísmo nem a secularização; também não é, como afirmava a reunião do Rio de Janeiro de 1955, o protestantismo e o comunismo, mas sim a fome, a pobreza, a miséria desumana, a morte prematura.

Nesta mesma linha se situa a terceira conferência, a de Puebla, celebrada em 1979, sob o pontificado de João Paulo II. Embora o clima eclesial tenha mudado e Puebla já não respire o mesmo

---

[9]   Id., *Pobreza da Igreja*, 4.

[10]   Id., *Pobreza da Igreja*, 5.

entusiasmo profético de Medellín, concretiza-se, sem muitas dificuldades, o tema do compromisso social na opção preferencial pelos pobres.[11]

Puebla, como Medellín, também parte da realidade latino-americana: denuncia a crescente lacuna entre ricos e pobres, o que é um escândalo e uma contradição com o ser cristão, algo contrário ao plano de Deus;[12] uma pobreza que não é casual, mas fruto de estruturas sociais, econômicas e políticas injustas.[13] Em alguns parágrafos muito bonitos e profundamente evangélicos, Puebla reconhece os traços do Senhor sofredor nos rostos das crianças atingidas pela extrema pobreza, dos jovens desorientados, dos índios e afro-americanos marginalizados, dos camponeses explorados, dos operários mal remunerados, dos subempregados e desempregados, dos marginalizados e amontoados urbanos, dos anciãos abandonados.[14] A opção pelos pobres não se fundamenta em nenhuma qualidade moral ou pessoal deles, mas em sua dignidade de filhos e filhas, feitos à imagem de Deus, e na defesa que Deus faz de sua causa, em dar continuidade à missão de Jesus, vindo ao mundo para evangelizar os pobres.[15] Além disso, afirma-se que nos pobres há um potencial evangelizador, na medida em que chamam a Igreja à conversão.[16]

---

[11] Cf. Documento de Puebla, *Opção preferencial pelos pobres*, 1.134-1.165.

[12] Id., 28.

[13] Id., 30.

[14] Id., 31-39.

[15] Id., 1.141.

[16] Id., 1.147.

Um texto importante de Puebla é o que atribui ao Espírito os anseios de salvação libertadora de nossos povos:

> O Espírito que encheu o mundo assumiu também o que havia de bom nas culturas pré-colombianas. Ele próprio as ajudou a receber o Evangelho. Ele continua despertando, hoje, anseio de salvação libertadora no coração de nossos povos. Urge, por isso, descobrir sua presença autêntica na história deste Continente.[17]

Já se disse que, se Medellín foi Pentecostes, Puebla foi como o Concílio de Jerusalém. Falta o ardor profético de Medellín, mas este se encaminha e se canaliza concretamente na opção preferencial pelos pobres. E como em Medellín, também em Puebla o Espírito age fortemente a partir da base, do clamor dos pobres, dos rostos sofredores concretos de crianças, jovens, índios, operários e anciãos. A mudança na Igreja latino-americana, que não se conseguiu a partir da teologia moderna e renovada do Vaticano II, realiza-se agora a partir da base da Igreja e da sociedade, de onde o Espírito está clamando com força, um clamor que, se em Medellín pôde parecer surdo, em Puebla é "claro, crescente, impetuoso e, em alguns casos, ameaçador".[18] Há uma passagem pascal da modernidade para a solidariedade.

Essa nova atmosfera criada por Medellín e, em seguida, continuada por Puebla manifestar-se-á em uma série de fatos, testemunhos, práticas pastorais e reflexões teológicas que são fruto e consequência dessa irrupção do Espírito na América Latina. A mudança

---

[17] Id., 201.

[18] Id., 89.

que se operou a partir da base teve consequências. Alguns destes acontecimentos sucedidos nestas décadas na América Latina, posto que cada um tenha sua dinâmica e lógica interna próprias, formam um conjunto inaudito e impressionante de testemunhos de que algo novo está surgindo no pós-concílio na América Latina. O Espírito, a partir da base, gerou vida e novidade: há vinho novo em odres novos.

Enumeremos algumas destas novidades para, em seguida, passar a descrevê-las: um grupo de bispos latino-americanos que puderam ser chamados de Santos Padres da América Latina, Santos Padres da Igreja dos pobres; o surgimento das Comunidades Eclesiais de Base; o compromisso dos leigos com a sociedade e a Igreja; a vida religiosa inserida nos meios populares; a floração sangrenta e testemunhal de inúmeros mártires; finalmente, a reflexão teológica chamada "teologia da libertação", como segundo ato, a partir de todas estas mudanças socioeclesiais.

E, em tudo isso, discernimos a presença do Espírito que clama da base, a partir dos pobres, das situações de caos e de morte para gerar vida, em um movimento pascal que nos revela que este é um lugar privilegiado da presença do Espírito, e que, a partir desta chave, deste lugar teológico, a partir da base e da periferia, podemos ler e enriquecer a tradição bíblica, patrística e teológica da fé da Igreja no Espírito Santo e discernir o futuro.

6. Os Santos Padres da América Latina

Recordemos que, como assinalamos antes, chamam-se Santos Padres da Igreja aquelas personagens, fundamentalmente dos séculos

II ao V, que, por sua sabedoria e ortodoxia, por sua santidade de vida, pela aprovação da Igreja e pela antiguidade, foram pais da fé dos discípulos de Jesus e configuraram a Igreja em determinada cultura, geralmente em tempos de mudanças e de confrontos.[19]

Já nos séculos XVI-XVII, na América Latina, houve um grupo de bispos e pastores, nos primeiros tempos da conquista, que, por sua atitude profética em defesa dos índios, tiveram muitas das características dos Santos Padres. Puebla cita-os elogiosamente:

> Intrépidos lutadores em prol da justiça e evangelizadores da paz como Antônio de Montesinos, Bartolomeu de las Casas, João de Zumárraga, Vasco de Quiroga, João dal Valle, Julião Garcés, José de Anchieta, Manuel da Nóbrega e tantos outros que defenderam os índios perante os conquistadores e *encomenderos* até com a própria morte, como o bispo Antônio Valdivieso, demonstram, com a evidência dos fatos, como a Igreja faz a promoção da dignidade e da liberdade do homem latino-americano.[20]

Contudo, estas grandes personagens não tiveram sucessores praticamente até à metade do século XX, ao tempo do Vaticano II. Já vimos o papel importante que desempenharam Helder Camara e Manuel Larraín no Vaticano II, mas foram, porém, exceções. No entanto, depois de Medellín e Puebla, reuniu-se uma série de bispos notáveis, como Leónidas Proaño, no Equador; Ramón Bogarín, no Paraguai; Sergio Méndez Arceo e Samuel Ruiz, no México;

---

[19] J. COMBLIN, "Los Santos Padres de América Latina": *Revista Latinoamericana de Teología* 65 (2005), 163-172.

[20] Documento de Puebla, 8.

José Dammert e Juan Landázuri, no Peru; Enrique Alvear e Raúl Silva Henríquez, no Chile; Jorge Novak e Jaime de Nevares, na Argentina; e os bispos mártires Enrique Angelelli, na Argentina; Óscar Romero, em El Salvador, e Juan Gerardi, na Guatemala. Seguramente se podem acrescentar a esta lista outros bispos posteriores, como Jorge Henrique Hurtado e Manuel Eguiguren, na Bolívia, e Joaquín Piña, na Argentina, para não citar alguns que ainda vivem, como Pedro Casaldáliga, no Brasil.

Estes bispos surgem em um momento histórico de grandes mudanças sociais e políticas da América Latina, e se caracterizam por anunciar o Evangelho em plena comunhão com a tradição ortodoxa da Igreja, mas respondendo aos desafios de um povo pobre e explorado. Não lutaram contra as heresias nem contra o marxismo, mas sim contra a injustiça e a favor da dignidade da pessoa humana e dos direitos humanos, denunciando as situações de pecado estrutural. Não tinham nenhum interesse político, não buscavam o apoio dos políticos; não defendiam a violência, eram pacíficos em sua luta pela libertação. Sua vida era exemplar, santa: eram simples e pobres, próximos do povo, autênticos seguidores de Jesus, homens de fé profunda e de oração, que aceitaram a cruz. Foram muitas vezes incompreendidos, caluniados e marginalizados, às vezes por seus próprios irmãos no episcopado e, o mais doloroso para eles, inclusive por Roma. Foram tachados de políticos, de marxistas, de provocar desordem e divisão em suas dioceses, de distanciar-se do Evangelho. Sofreram perseguições e, alguns deles, o martírio.

Não eram nem teólogos nem sociólogos; eram pastores próximos do povo, que buscavam o bem integral. Com sua vida e pregação, tornaram crível a fé. O povo pobre e simples escutava-os e seguia-os com devoção e amor; tinha-os como pais, santos, chorando-lhes a morte e o martírio; e agora acodem à sua tumba para rezar e acender-lhes velas. Seu testemunho crente tornava crível a Igreja, inclusive fora da América Latina. Como disse o bispo-poeta Pedro Casaldáliga a propósito de Óscar Romero, os pobres ensinaram-nos a ler o Evangelho... São os Santos Padres da Igreja dos pobres.

Acrescentamos ao que foi dito anteriormente que muitos sacerdotes, animados pelos exemplos de seus pastores, viveram uma vida de proximidade ao povo e de compromisso com lutas justas, pelo que muitos também sofreram os efeitos da repressão.

7. As Comunidades Eclesiais de Base

As Comunidades Eclesiais de Base (CEBs) não nasceram como fruto de um planejamento pastoral elaborado a partir de um ofício da Igreja institucional, mas surgiram da base da Igreja, como consequência da verdadeira pobreza social e eclesial do povo de Deus.

A falta de ministros da Eucaristia fez com que o povo se organizasse para escutar a Palavra e celebrar sua fé em comunidade. Às vezes nasceram do povo que havia celebrado um novenário de defuntos e queria conservar-se em comunidade e em oração. Ou de celebrações festivas por ocasião de uma festa de padroeiro.

São comunidades, ou seja, um grupo de pessoas com um desejo de manter uma relação fraterna e de solidariedade, não uma ONG ou um partido político; são eclesiais, ou seja, fazem parte da Igreja, reunidas pela Palavra e pela fé em Jesus, o Senhor, e não têm uma finalidade política ou econômica, mas cristã; e são de base: da base eclesial, leigos, em sua maioria, e da base social, formadas principalmente por setores populares de gente pobre, explorada, marginalizada.

Constituem o que se chama a "primeira eclesialidade", isto é, a comunidade de batizados, anterior a qualquer outra distinção em razão dos ministérios ou carismas, que constitui o que se chama a "segunda eclesialidade". É uma nova forma de ser Igreja; não é um movimento, muito menos uma seita, mas uma célula eclesial. Nas palavras de Medellín:

> A comunidade cristã de base é, assim, o primeiro e fundamental núcleo eclesial, que deve em seu próprio nível responsabilizar-se pela riqueza e expansão da fé, como também do culto que é sua expressão. Ela é, pois, célula inicial da estrutura eclesial e foco de evangelização e, atualmente, fator primordial da promoção humana e do desenvolvimento.[21]

E Puebla acrescenta:

> As comunidades eclesiais de base são expressão de amor preferencial da Igreja pelo povo simples; nelas se expressa, valoriza e purifica sua religiosidade e se lhe oferece possibilidade concreta de participação na tarefa eclesial e no compromisso de transformar o mundo.[22]

Estas comunidades, que cresceram principalmente no Brasil graças à iniciação bíblica de Carlos Mesters e à campanha que

---

[21] Documento de Medellín, 10.
[22] Documento de Puebla, 643.

Jose Marins e sua equipe, seguiram em frente, estenderam-se por toda a América Latina, em bairros marginais, setores populares, grupos mineiros e indígenas. Muitas vezes foram lideradas por mulheres, com grande sabedoria cristã e senso popular. Nestas comunidades se lê a Palavra (o texto), mas a partir da vida, da situação real que se vive (o pré-texto), e tudo isso a partir da fé da Igreja (o contexto), para chegar a conclusões e compromissos concretos. Com o tempo, a este ver-julgar-agir se acrescentaram o celebrar e o avaliar.

Desse modo, as CEBs leem a Bíblia, a qual foi devolvida aos pobres que, assim, puderam ler o Evangelho e apropriar-se de seus conteúdos fundamentais; coisa que não se pôde realizar na primeira evangelização da América Latina, acontecida em uma Igreja de cristandade pós-tridentina. Um exemplo desta leitura popular da Bíblia pode ser o livro *El evangelio en Solentiname*, publicado por Ernesto Cardenal, nicaraguense, ex-trapista, discípulo de Thomas Merton, poeta e futuro ministro sandinista, que reúne a interpretação popular do Evangelho feita pela comunidade cristã de base de Solentiname, comunidade que em seguida seria destruída pelo exército somocista.

Leonardo Boff, em seu livro *Eclesiogênese*, descreve as linhas teológicas deste novo modelo eclesial:[23] um Igreja povo de Deus, dos pobres, fracos e explorados; uma Igreja de seculares, com o poder da *koinonia*, toda ela ministerial, libertadora e da diáspora, que sacramentaliza as libertações concretas; que prolonga a grande

---

[23] L. BOFF, *As Comunidades Eclesiais de Base reinventam a Igreja*, Petrópolis, Vozes, 1977.

tradição, em comunhão com a grande Igreja; Igreja que constrói sua unidade a partir da missão libertadora; Igreja com uma nova concreção de catolicidade, toda ela apostólica, realizadora de um novo modelo de santidade.

Por sua vez, Ronaldo Muñoz, teólogo que viveu sempre em meio ao povo e às CEBs, descreve algumas características da experiência espiritual de Deus e da Igreja que surge das CEBs: ante às necessidades básicas e de solidariedade do povo pobre, as CEBs mostram o rosto de uma Igreja samaritana; ante à necessidade de afeto e de festa, apresentam uma Igreja lar; diante da busca de Deus e de sacramentos, uma Igreja santuário; perante o anseio por sentido e esperança, uma Igreja missionária; ante os direitos negados e a luta, as CEBs oferecem a imagem de uma Igreja profética. E estas dimensões se dão conjuntamente, como em circularidade eclesial.[24]

Desse modo, as CEBs constituem uma realização parcial, mas verdadeira, da Igreja dos pobres.

8. O compromisso laical com a sociedade e a Igreja

Um dos fenômenos mais típicos dessa época é o despertar do povo, tanto no campo social quanto no eclesial, principalmente a irrupção dos pobres na sociedade e na Igreja. Passa-se de uma situação generalizada de passividade e resignação para uma tomada de consciência dos desafios sociais e eclesiais.

---

[24] R. MUÑOZ, "Experiencia popular de Dios y de la Iglesia", in J. Comblin, J. I. González Faus, J. Sobrino (eds.), *Cambio social y pensamiento cristiano en América Latina*, Trotta, Madrid 1993, 161-179.

No âmbito social e político, setores populares, mas também setores universitários e profissionais, despertam e abrem os olhos diante de situações de injustiça arraigada, diante de ditaduras militares, da opressão e da marginalização que o povo sofre. Daí surgem movimentos sindicais, operários, universitários, políticos, contra a injustiça reinante. Greves, manifestações, protestos, participação em guerrilhas... marcam toda essa época. Naturalmente, a partir das políticas da doutrina de Segurança Nacional, estes movimentos são reprimidos e esmagados brutalmente. Como veremos, esta é uma das causas do martírio.

Contudo, esses leigos comprometidos, com raízes e motivações cristãs, não encontram ordinariamente na piedade tradicional um fundamento que os anime e alimente sua fé. Esta será uma das motivações que muitos pastores e teólogos terão para buscar nova formulação da fé, mas consoante com a situação de luta contra a injustiça. Conforme veremos adiante, a teologia da libertação buscará dar respostas a esta situação pastoral concreta. Termos como Reino de Deus, pecado estrutural e estruturas injustas, unidade entre história e salvação, dimensão histórica do pecado e da graça, seguimento do Jesus histórico, Jesus que luta contra as injustiças de sua época e morre em consequência disso, iluminarão a fé desses cristãos comprometidos. As homilias de dom Romero, sua denúncia das injustiças e das mortes inocentes, sua definição de pecado como aquele que matou o Filho de Deus e mata hoje os filhos de Deus, ou sua afirmação de que a glória de Deus é que o pobre viva, são exemplos claros desta visão da fé. E por ter dito aos soldados, em sua homilia do domingo, que parassem com a repressão e não disparassem contra o povo, Romero no dia seguinte, 24 de março de 1980, morreu assassinado enquanto celebrava a Eucaristia.

No entanto, também no âmbito eclesial há um despertar do povo. Surgem catequistas, animadores pastorais, ministros da Palavra, conscientes de que a Igreja não é simplesmente a hierarquia e de que todos os batizados temos de comprometer-nos com a defesa e a propagação da fé. A mesma escassez de clero obriga a tomar consciência da corresponsabilidade eclesial de todos. Precisamente neste clima, surgem as Comunidades Eclesiais de Base, lideradas principalmente por mulheres. Também estes leigos comprometidos com a Igreja, com uma Igreja libertadora e defensora da injustiça, serão reprimidos e martirizados.

Queremos destacar especialmente a importância da presença da mulher em todo este processo e caminhar da Igreja latino-americana: mulheres catequistas e agentes pastorais, animadoras de comunidades de base; companheiras comprometidas na luta contra a injustiça, a ditadura e os abusos militares; defensoras dos direitos humanos; mulheres mineiras, camponesas, indígenas, muitas delas violentadas, torturadas e martirizadas pelo Reino e sua justiça. Essas mulheres refletem a dimensão feminina e materna do Espírito, da *ruah* criadora e vivificadora e mãe dos pobres.

A conhecida acusação marxista da fé como ópio do povo encontra na América Latina uma clara negativa. A fé converte-se em fermento de luta contra a injustiça, em alimento de uma espiritualidade libertadora.

Aqui não nos cabe julgar os possíveis excessos ou erros nestas posturas. Muitas vezes esta será a única coisa indicada pela cúria romana. Apenas queremos mostrar que há um ressurgir de algo novo na esfera social e eclesial na América Latina destes anos, e precisamente a partir de sua situação de pobreza e de marginalização. De onde surgem esta nova força e vitalidade?

9. A vida religiosa inserida entre os pobres

A esta nova configuração dos pastores e dos leigos se acrescenta também uma clara tomada de consciência da vida religiosa de sua dimensão não só carismática mas concretamente profética. A pobreza e a exploração do povo golpeiam duramente a consciência de religiosos e religiosas que, nascidos em seus carismas históricos originários, em sua grande maioria, para ajudar e promover os setores pobres, com o passar do tempo, foram se concentrando na educação e na saúde de setores burgueses, a ponto de a própria vida religiosa, ao longo do tempo, ter-se aburguesado em seu nível de vida, edifícios, economia, terras etc.

Medellín insiste em que os religiosos deem testemunho da pobreza de Cristo, formem entre seus membros pequenas comunidades encarnadas realmente nos ambientes pobres, partilhem seus bens com os mais necessitados, ponham a serviço da comunidade humana seus edifícios e os instrumentos de suas obras, distingam o que diz respeito à comunidade do que pertence a suas obras etc.[25]

A vida religiosa, a partir de Medellín e impulsionada pela CLAR (Conferência Latino-Americana e Caribenha de Religiosos e Religiosas, nascida em 1959), empreendeu a grande aventura da inserção da vida religiosa no meio do povo pobre. Não foi a

---

[25] Documento de Medellín, *Pobreza da Igreja*, 16.

maioria da vida religiosa; foram grupos pequenos, mas significativos, principalmente de religiosas, que iniciaram um êxodo do centro das cidades para os bairros pobres periféricos, para o campo, entre os índios e afro-americanos, mineiros, camponeses, pescadores etc. Foi um êxodo não apenas geográfico mas também social, cultural e religioso, evangélico; começaram a ver a realidade social e eclesial a partir da base, reviveram seus carismas fundacionais, tiveram nova experiência espiritual de sua vocação e do seguimento de Jesus de Nazaré.

Puebla reunirá algumas das tendências da vida consagrada na América Latina, entre as quais se indicam: a experiência de Deus, a comunidade fraterna, a opção preferencial pelos pobres, a inserção na vida da Igreja particular e o sentir-se chamados ao seguimento radical de Cristo.[26]

Tudo isto é certo, mas a *Contribuição da CLAR para Puebla* deu uma explicação mais processual e narrativa destas tendências: a opção pelos pobres e a inserção nos meios populares é que produzem nova experiência de Deus, um chamado ao seguimento radical de Cristo e maior valorização da vida comunitária e, ao mesmo tempo, maior inserção na Igreja local.[27]

Aqui não é o lugar para aludir às tensões internas dentro das congregações, ocasionadas por estas comunidades de inserção, nem dos possíveis erros e excessos de alguns membros destas comunidades, devidos, acima de tudo, à inexperiência. O que interessa

---

[26] Documento de Puebla, 721-757.

[27] "La inserción entre los pobres", in *Aporte para Puebla, Boletín CLAR XVI* (1978), 9-10.

destacar aqui é a audácia e coragem destas pessoas que deixaram para trás toda uma tradição e começaram um caminho novo, realmente evangélico e profético, cheio de riscos e desafios. Os pobres evangelizaram-nas, e surgiu um estilo novo e diferente de vida religiosa, muito mais próximo do Evangelho e dos carismas originais. De onde essas comunidades tiraram forças para inserir-se em ambientes sociais, culturais e religiosos tão novos e arriscados, para fazê-lo com alegria e esperança? Quem lhes deu ânimo para enfrentar dificuldades internas e externas, para suportar críticas dos setores mais conservadores da sociedade e da própria Igreja, para manter-se firmes em meio às repressões policiais e até mesmo diante do martírio?

10. O martírio

Consequência deste compromisso pela justiça e pelos pobres, e de um enfrentamento das estruturas de pecado e de injustiça, foi o martírio. A criação, por parte dos Estados Unidos, da Escola das Américas no Panamá, onde, como já vimos, se formaram ditadores e torturadores; a doutrina da Segurança Nacional, que justificava a eliminação de todos os "dissidentes" do pensamento único; o fantasma do marxismo e do comunismo como algo que devia ser erradicado a todo custo; os interesses econômicos dos grandes consórcios internacionais aliados aos governos militares e policiais, tudo isso desembocou no martírio de operários, sindicalistas, camponeses, universitários, índios, membros de comunidades de base, agentes pastorais, sacerdotes, religiosos e religiosas, e até mesmo de bispos.

Não é a primeira vez que a Igreja sofre o martírio. Durante os três primeiros séculos, a Igreja nascente sofreu o martírio por parte do império romano, que assassinava os cristãos por não adorarem o imperador. Eram mártires por defenderem a fé cristã. Outros martírios, ao longo da história da Igreja, foram provocados por inimigos da Igreja Católica.

A novidade dos martírios da América Latina e do Caribe consiste em que os ditadores, militares, assassinos e torturadores são cristãos, membros da Igreja, que matam para defender a civilização cristã ocidental. Isto fez com que amplos setores da Igreja e da sociedade não considerassem esses assassinatos como martírios cristãos, mas como mortes políticas: foram assassinados – dizem e repetem – por se meterem em política, por serem comunistas, guerrilheiros..., por se desviarem da verdadeira doutrina da Igreja. A mesma Igreja oficial que canonizou papas e bispos santos, religiosos e religiosas entregues pelo bem dos demais, que também canonizou mártires do comunismo e do nazismo, ainda não canonizou nenhum mártir latino-americano. Ainda mais, muitos deles, antes de serem martirizados pelos poderes civis, sofreram também perseguição por parte de autoridades eclesiásticas, o que foi para eles causa de grande sofrimento.

Evidentemente, esses mártires não morreram por defender os dogmas cristãos da Igreja, mas por defender a justiça, os direitos humanos, a liberdade, a vida: são mártires pelo Reino, como Jesus, que foi assassinado pelos dirigentes religiosos de seu tempo por ser considerado blasfemo. Os mártires latino-americanos são mártires "jesuânicos" (J. Sobrino), que participam da paixão e da cruz de Jesus, fazem parte do povo crucificado, são a atualização do Servo de Yahweh, que carrega os pecados do povo. São os bem-aventurados perseguidos por causa da justiça (Mt 5,10).

Alguns deles foram pessoas ativamente comprometidas com a justiça, mas outros foram martirizados nos massacres coletivos de povoados de camponeses e de índios; fazem parte dos mártires que são como "os santos inocentes", vítimas do ódio ao povo pobre e indefeso.

Todos eles são testemunhas de Jesus: deram o máximo testemunho de amor, que consiste em dar a vida pelos demais. Os relatos de seus tormentos e mortes são terríveis, fruto de uma crueldade inusitada. O sofrimento destes mártires e a dor de suas famílias é um clamor que sobe ao céu, pedindo justiça; é como o pranto de Raquel que chora por seus filhos que já não existem (Mt 2,17-18).

Quem deu força e coragem para suportar esses martírios tanto a bispos como Romero e Angelelli, quanto a teólogos como Ellacuría, em El Salvador; a Luis Espinal, na Bolívia; a Ita Ford, Dorothy Lu Kazel, Jean Donovan e Maura Clarke, irmãs de Maryknoll, assassinadas em El Salvador; à religiosa francesa Alice Domon, torturada na Argentina; à irmã Dorothy Stang, assassinada por defender os índios, enquanto lia as bem-aventuranças; aos índios cruelmente massacrados na Guatemala; aos jovens trancados no estádio de Santiago do Chile; aos mártires do Brasil, da Colômbia, da América Central, do Cone Sul, do México, do Caribe…? Quem consola estas mães que veem como seus filhos, concebidos na prisão, são-lhes arrebatados e entregues a militares? Quem dá esperança a tantos familiares de desaparecidos? Quem deu força a tantos familiares e amigos dos assassinados para seguir adiante, para ter filhos, esperar um amanhã melhor, continuar lutando?

Outra resposta não há senão recorrer ao Espírito do Senhor, que não só dá palavras aos perseguidos diante de seus juízes, mas que os conforta e anima, e, em seguida, dá esperança pascal ao povo pobre e sofrido para continuar caminhando para frente.

11. Recapitulação e discernimento

É preciso acrescentar a estes sinais renovadores da Igreja da América Latina a reflexão teológica que se chamou "teologia da libertação", que, como já indicamos antes, é a primeira teologia original feita a partir da América Latina, e não meramente reflexo da teologia europeia. No entanto, a este tema dedicaremos em seguida um capítulo, ao tratarmos das diversas teologias e de sua relação com a pneumatologia.

O que nos cabe agora é recapitular tudo o que foi visto até o momento e reconhecer que, nas décadas dos anos 1970 e 1980, realmente Deus passou pela América Latina; concretamente, que o Espírito Santo irrompeu neste continente de modo extraordinário, vulcânico, comparável a outros momentos fortes da história da Igreja. A experiência de Deus que as novas comunidades eclesiais da América Latina tiveram é uma experiência do Espírito.[28] Esta parece ser uma afirmação conquistada e certa, reconhecida não somente a partir da América Latina, mas também do exterior.

Contudo, o que temos de discernir é como este Espírito atuou, a partir de onde, de quem, com que meios. Parece claro que o Espírito agiu na América Latina nesses anos não a partir do

---

[28] J. COMBLIN, *O Espírito Santo e a libertação*, Petrópolis, Vozes, 1987.

O Espírito do Senhor: força dos fracos

poder, nem do centro, nem de cima, mas de baixo, da periferia, da impotência, dos últimos (*eschatoi*), da noite escura e do caos, dos crucificados da história.

A partir do clamor dos pobres, os bispos escutam e discernem evangelicamente o que o Espírito lhes diz em Medellín e Puebla; bispos que foram evangelizados pelos pobres e que se tornaram solidários com eles. O Espírito age a partir de Comunidades Eclesiais de Base que nasceram do povo crente e pobre, até agora marginalizado e atualmente com carência de ministros ordenados; comunidades lideradas em sua maior parte por mulheres pobres, até então marginalizadas na sociedade e na Igreja, e que agora recuperam a palavra e a dignidade. O Espírito age a partir de leigos pobres e comprometidos com os pobres em sua luta pela justiça; o Espírito está presente em uma vida religiosa que se vai inserir em meio aos pobres e, assim, se renova espiritualmente. O Espírito dá fortaleza a alguns mártires, muitas vezes anônimos, perseguidos, torturados, aniquilados pelos poderes hegemônicos de plantão e que resistiram até derramar seu sangue.

E precisamente essa ação do Espírito a partir da base quer refazer esta história de exclusão e dor, convertendo-a em uma história justa, solidária, livre, fraterna, e que viva a plena filiação do Pai. O Espírito pretende criar uma sociedade alternativa à atual, uma sociedade que viva a comunhão e a inclusão integral humana, social, eclesial, histórica e cósmica. O Espírito quer refazer, a partir da base, da negatividade do pecado e do antirreino, o projeto do Pai, o Reino de Deus que Jesus veio pregar e implantar neste mundo. A partir deste lugar marginalizado, quer fazer chegar a salvação a todo o mundo. O modo como o Espírito agiu durante estes anos na América Latina não é algo casual, mas paradigmático, revelador, em coerência com o projeto do Pai e a história de Jesus de Nazaré, como logo veremos.

Esta parece ser uma chave hermenêutica para a compreensão do Espírito e de seu modo de agir na história da salvação, que não exclui que o Espírito possa agir explicitamente em outras pessoas e a partir de setores pobres. O que se afirma é que o Espírito sempre age transcendentalmente a partir de baixo, do horizonte dos últimos (*eschatoi*), do *de profundis* da história, e em favor dos últimos, usando ordinariamente meios pobres e buscando o bem dos marginalizados, que são os primeiros destinatários do Reino e os juízes escatológicos do Reino de Deus (Mt 25,31-45).

Não é uma descrição material, de lugar físico ou social, mas formal, de orientação e de horizonte escatológico. Não se nega a universalidade da salvação, nem a liberdade do Espírito para agir onde e como quiser, mas se afirma que há como que uma misteriosa lei evangélica e *kenótica* na forma de agir do Espírito, um lugar pascal de sua presença, uma atuação *sub contrario*, paradoxal com o paradoxo evangélico, que ao mesmo tempo é teste de discernimento evangélico. Dito de outra maneira, os pobres, os excluídos, os últimos são o lugar teológico privilegiado para compreender a ação do Espírito na história.

A ação do Espírito na América Latina nestes anos estelares nos dá uma chave muito luminosa para ler de forma unitária e coerente a ação do Espírito em toda a história da salvação, na Escritura, na história da Igreja e do mundo. Esta chave permite-nos compreender e discernir o que é realmente do Espírito de Jesus e o que não é.

Nos capítulos subsequentes, vamos ver como, a partir desta chave hermenêutica, compreende-se melhor a Escritura e como esta chave nos ajuda a discernir e avaliar as diversas pneumatologias que se sucederam na história da Igreja.

Por fim, desejamos oferecer algumas linhas para elaborar uma pneumatologia a partir da América Latina, em chave libertadora, e suas consequências espirituais e pastorais. E cremos que tudo isso é válido não somente para a Igreja latino-americana, mas para a Igreja universal.

CAPÍTULO 2
Releitura bíblica a partir da base

Vamos tentar reler a Escritura a partir da chave hermenêutica latino-americana, ou seja, a partir dos pobres, de baixo, dos últimos, da perspectiva da justiça.

Não pretendemos fazer aqui uma exegese bíblica, mas, apoiando-nos em estudos já realizados por especialistas, queremos simplesmente destacar uma série de elementos que muitas vezes ficam esquecidos nas leituras bíblicas comuns. Contudo, visto que a tarefa é imensa, vamos limitar-nos concretamente a destacar três dimensões do Espírito que aparecem na Escritura quando lida a partir da base: o Espírito de justiça, o Espírito alento de vida em situações de caos e de morte e o Espírito pai-mãe dos pobres.

1. O Espírito de justiça

O termo "justiça", entendido corretamente no sentido bíblico como justiça escatológica que Deus quer estabelecer na humanidade, criando relações justas entre os seres humanos, é algo que unifica com grande coerência todo o Antigo e o Novo Testamento.[1]

Os termos hebraicos *mišpat* e *ṣedaqah*, bem típicos do Antigo Testamento, não podem ser traduzidos simplesmente como "julgar", "ajuizar" ou "realizar um julgamento", mas no sentido de exercer o direito e a justiça para com os desvalidos e os pobres, o que o Novo Testamento expressará como o amor ao necessitado, o não fechar as entranhas ao que sofre e passa fome. A intervenção de Yahweh no Egito é uma ação para libertar o povo da opressão, uma luta contra a injustiça e a favor da justiça, tal como aparece no Êxodo. A tradição javista concebe o Gêneses como prólogo do Êxodo e nos apresenta Yahweh que escolhe Abraão para que pratique o direito e a justiça (Gn 18,18s), ou seja, para que o povo de Deus que dele nascerá seja um instrumento para estabelecer a justiça perfeita no mundo. Israel falhou com Yahweh na missão confiada, visto que, como aparece na alegoria da vinha, ele esperava justiça, mas só colheu injustiça entre os seres humanos (Is 5,1ss).

Neste contexto, deve situar-se a teologia do Espírito como dom escatológico da justiça.

---

[1] Fundamento-me amplamente no estudo de J. ALONSO DÍAZ, *El don del Espíritu y la justicia escatológica*, EDICABI, Madrid 1978, que, apesar de sua antiguidade, ainda conserva vigência e grande atualidade. O próprio autor complementa sua exposição com bibliografia sobre a relação entre Espírito e justiça: P. VAN IS-CHOOT, "L'Esprit de Yahvé, principe de vie morale dans l'Ancien Testament": *Ephemerides Theologicae Lovanienses* (1939), 457-567; E. BARDY, *Le Saint-Esprit en nous et dans l'Eglise d'après le Nouveau Testament*, Albi 1950; H. MÜHLEN, El Espíritu Santo en la Iglesia, Secretariado Trinitario, Salamanca 1974; J. P. MIRANDA, Marx y la Biblia, Sígueme, Salamanca 1972, 247-255, sobre a relação entre Espírito e Justiça. Pode-se também consultar o livro mais recente de F. J. VITORIA CORMENZANA, *Una teología arrodillada e indignada*, Sal Terrae, Santander 2013.

Paulo, na carta aos Gálatas, interpreta a escolha e a bênção prometida a Abraão como promessa do Espírito (Gl 3,14), ou seja, o Espírito é Espírito de direito e justiça, de justiça histórica e escatológica. Outros textos confirmam que o Espírito é um dom que tem por fim a prática do direito e da justiça (Is 28,5-6; Mq 3,8-10).

Nesta linha se deve interpretar o fato de que Deus, mediante sua *ruah* ou Espírito, suscite em seu povo chefes carismáticos e libertadores: Otoniel (Jz 3,10), Gedeão (Jz 6,34), Jefté (Jz 11,29), Saul (1Sm 11,6), Davi (1Sm 16,13). O Espírito de Yahweh é quem possibilita que o povo cumpra sua missão de praticar o direito e a justiça, escolhendo personagens muitas vezes em franca desproporção com sua futura tarefa...

Essa orientação do Espírito para a justiça se manifesta com mais clareza ainda nos profetas. É paradigmático o texto de Is 61, que fala da unção do Espírito sobre o profeta para que anuncie a Boa-Nova aos abatidos, cure os quebrantados de coração, proclame a liberdade aos cativos e a libertação aos que estão presos. Este é o texto que Jesus lerá e interpretará, atualizando-o, na sinagoga de Nazaré (Lc 4,16-30).

Também o texto de Is 11,1-9 nos apresenta o Espírito que repousa sobre o descendente de Davi para que defenda os pobres com justiça e os indigentes com retidão. É sintomática a leitura que a tradição medieval fez deste texto, reduzindo-a aos sete dons do Espírito, mas sem levar suficientemente em conta a dimensão do Espírito em relação à justiça. Outros textos proféticos confirmam esta orientação do Espírito para a justiça: Is 32,15-17; Ez 11,17-20; 36,27-28; Jl 3,1s, que Pedro citará em Pentecostes etc.

Esse Espírito de justiça é o que desce sobre Jesus principalmente nos momentos importantes: no relato da encarnação no seio virginal de Maria (Lc 1,35) e no Batismo (Mt 3,13-17; Mc 1,9-11; Lc 3,21-22; Jo 1,32-34). Jesus é o Messias na linha dos profetas, do servo de Yahweh (Is 42,1; 49,1-7) e o Filho do Pai (Sl 2,4-7). A tentação do deserto significa o discernimento que Jesus faz entre seguir a linha profética do direito e da justiça, a que o Espírito do Pai o impele, ou afastar-se deste caminho, como o tentador lhe insinua.

Lucas apresenta-nos o começo do ministério de Jesus em Nazaré como o fruto de seu discernimento no deserto, de sua vitória sobre a tentação. Orienta-se na linha profética de Is 61, para a qual o Espírito o havia ungido no Batismo: evangelizar os pobres; proclamar a libertação aos presos e aos cegos, a recuperação da vista; proclamar um ano de graça do Senhor (Lc 4,16-30).

Para Lucas, o ano de graça substitui a fórmula do *kerigma* de Jesus que Marcos oferece, centrada no anúncio do Reino. Ademais, Lucas condensa no texto da sinagoga de Nazaré todo o programa do Evangelho de Jesus, o mesmo que faz com At 1,8 para indicar a futura missão dos discípulos: realizar um programa de justiça com o sentido abrangente e integral que já explicamos antes.

Na cena de Pentecostes, Lucas narra o que foi prometido ao novo Israel. A irrupção do Espírito, simbolizada através do vento impetuoso, das línguas de fogo e da mensagem que cada um dos povos presentes entende na própria língua, alcança seu fruto na vida da Igreja primitiva de Jerusalém, descrita nos sumários dos Atos: At 2,44-45; 4,32-37.

A nova comunidade cristã caracteriza-se não somente pela oração, pela fidelidade à doutrina dos apóstolos e à fração do pão, mas pelo Espírito de comunhão e de solidariedade que leva a partilhar seus bens e a fazer com que ninguém padeça necessidade. E tudo isso em um clima de simplicidade e de alegria que faz com que muitos se agreguem à comunidade. Pentecostes é o contrário do relato da torre de Babel (Gn 11): em Babel houve uma tentativa de imposição de um pensamento único que degenerou em confusão e divisão; em Pentecostes há união e comunhão, respeitando-se a pluralidade de línguas e culturas.

Em At 10,38, resume-se a vida de Jesus dizendo que ele fora ungido pelo Espírito com força e passou pelo mundo fazendo o bem e curando todos os que estavam sob o poder do diabo. Jesus, de fato, não foi ungido com óleo – como os reis de Israel – para que praticasse o direito e a justiça, mas em seu Batismo recebeu a plenitude do Espírito. Esta foi sua verdadeira unção e sua proclamação régia, que o discurso de Pedro utiliza para demonstrar que Jesus é o Messias que cumpre os antigos oráculos proféticos. Nestes textos aparece claramente o dinamismo do Espírito, que se orienta para a realização da justiça na história da humanidade.

Enquanto em Lucas o Espírito prepara e completa a obra de Jesus, no Evangelho de João o Espírito aparece ligado à Páscoa, chegando a dizer que antes da Páscoa não havia Espírito, porque Jesus não havia sido glorificado (Jo 7,39). No entanto, João Batista afirma que viu o Espírito descer e permanecer sobre Jesus (Jo 1,32-34) e que Deus deu a Jesus o Espírito sem medida (Jo 3,34). Na realidade, como veremos no tópico seguinte, segundo o Evangelho de João, o Espírito está ligado mais à vida em toda a sua plenitude do que à problemática do direito e da justiça.

Contudo, há textos que parecem reunir o tema da justiça, como o das obras do Pai que Jesus faz e que se convertem em motivo de fé (Jo 10,37-38).

Quais são estas obras que Jesus faz à imitação do Pai, porque viu o Pai fazê-las, pois ele não pode fazer nada por conta própria (Jo 5,19)? Sem dúvida, as obras que Jesus viu o Pai fazer são as obras de amor e de justiça em prol dos necessitados, realizadas no povo de Israel, particularmente no Êxodo. Estas obras são as que o próprio Jesus, que recebeu o Espírito sem medida, realiza: curar enfermos, dar de comer aos famintos, ressuscitar mortos...

A promessa do Espírito "paráclito" ou advogado defensor (Jo 16,7-11) que Jesus faz a seus discípulos antes de sua paixão é o que garante que os discípulos possam continuar fazendo as boas obras de Jesus e ainda maiores (Jo 14,12) obras realizadas neste mundo, para transformá-lo. Essas obras boas que os discípulos hão de fazer depois de receberem o Espírito pascal são as que outros escritos joaninos explicitam ainda mais: amor fraterno (1Jo 2,3-11), acima de tudo para com os que estão necessitados (1Jo 3,11-24). Nisto reconheceremos que Deus mora em nós pelo Espírito que nos deu (1Jo 3,24). Para os escritos joaninos, não há diferença entre amar o próximo e praticar a justiça com o necessitado.

Para Paulo, também, o Espírito de Deus é Espírito de justiça, que se manifesta em obras contrárias às da carne (Gl 5,13-25). E confirma-se em Rm 5,1-5, em que o Espírito que nos foi dado é o espírito de amor, que se traduz em amor ao próximo. O amor com o qual Deus nos ama é o que nos leva a amar os irmãos. Isto nos dá esperança, porque está fundada na justiça de Deus, que já está na terra e que quer transformar o mundo e suas estruturas.

Em síntese, o Espírito, desde o Antigo Testamento, age em favor da justiça entre os seres humanos como antecipação da justiça escatológica do Reino de Deus. O que os profetas anunciaram, movidos pelo Espírito, realiza-se em Jesus, cheio do Espírito no Batismo; o Espírito que os discípulos recebem depois da Páscoa-Pentecostes capacita-os e lhes dá forças para continuar o projeto de Jesus de anunciar a Boa-Nova aos pobres, libertar os cativos e dar visão aos cegos neste tempo de graça. Os cristãos, ungidos pelo mesmo Espírito de Jesus, temos de passar por este mundo fazendo o bem e libertando as vítimas do mal.

O Espírito age desde a ótica e perspectiva dos últimos, ao rés do chão, não dos poderosos que desejam manter seus privilégios. Os últimos (os *eschatoi*) são os que julgarão as nações; o Espírito antecipa a justiça escatológica de Deus.

2. O Espírito, alento de vida em situações de caos e de morte

O credo niceno-constantinopolitano (381) professa a fé no Espírito Santo que é "Senhor e doador de vida" (*zoopoion*). O hino medieval ao Espírito, *Veni creator Spiritus*, que a Igreja ainda hoje canta em seus momentos mais solenes, chama o Espírito de "Criador". Pertence, pois, à tradição eclesial relacionar o Espírito com a vida.

O que a chave hermenêutica a partir da América Latina pode trazer como contribuição é indicar que esta via surge ao rés do chão, ou seja, do caos inicial, do não ser, da debilidade e, em última instância, da morte. Esta dimensão vivificante do Espírito acrescenta ao tema do Espírito de justiça a explicitação de que esta justiça é criadora de vida, de vida plena, e precisamente para os que a têm questionado e ameaçado.

Indubitavelmente, esta vida alcança plenitude em Cristo, concretamente em Cristo Ressuscitado, mas esta plenitude de vida começa já no Antigo Testamento, pois o Espírito sempre prepara os caminhos do Senhor. O Espírito precede toda "cristofania", toda manifestação de Cristo.

O relato sacerdotal da criação apresenta-nos em Gn 1,2 a *ruah* que paira sobre as águas primordiais, em um mundo que era caos, confusão e obscuridade (*tohu wabohu*).

A tradição patrística e eclesial viu nesta misteriosa *ruah* a presença vivificadora do Espírito que, juntamente com a Palavra, cria o mundo. Entretanto, esta *ruah* pertence ao pré-mundo, ao ainda não, ao não ser, ao que a tradição escolástica chamará de "o nada" (*ex nihilo*).

Uma exegese crítica moderna não vê nesta *ruah* o Espírito Santo, mas sim o caos típico dos mitos do Oriente: um forte vento e tempestade de Deus.

Hoje, no entanto, se tenta buscar uma exegese mais integral e se reconhece que esta *ruah* é alento de Deus, o vento criador que, junto com a Palavra, gera a vida desde o começo. *Ruah* pode significar todo um conjunto de realidades conexas, como alento, sopro, vida, respiração, arfagem, arquejo ou respiração ardente do parto, brisa, tempestade, furacão, energia, ânimo etc., e se refere ao Espírito divino que cria vida a partir do caos, vivifica toda a criação, encaminhando-a para a escatologia definitiva de Cristo.[2] Em termos teológicos e um tanto escolásticos, Cristo é a causa final, mas o Espírito é a causa eficiente.[3]

Este Espírito que adejava sobre o caos inicial é o que envolve todos os misteriosos processos, desde o primeiro instante, desde o *big bang*, desde os núcleos de hidrogênio e de hélio, desde os átomos primordiais, desde o nascimento de estrelas e galáxias, desde o desenvolvimento do sistema solar, desde a origem da vida e da evolução de organismos pluricelulares, até à aparição do cérebro humano, a hominização.

Gênesis 2,7 descreve-nos o sopro divino que dá vida ao primeiro homem; desde então, o Espírito vivificará toda a humanidade até à plenitude escatológica.

Este alento vital, que em hebraico é feminino (*ruaḥ*), em grego neutro (*pneuma*) e em latim masculino (*spiritus*), na prática se masculinizou totalmente, esquecendo-se de sua raiz feminina original. A tradição cristã siríaca afirmou esta dimensão feminina do Espírito e, hoje em dia, principalmente as teólogas reivindicam a feminização do Espírito como matriz cálida e amorosa de nova vida,[4] que complementa outras dimensões do Espírito.

---

[2] Cf. M. T. WACKER, "El Espíritu de Dios en el ámbito público de las comunidades cristianas": *Concilium* 342 (2011), 523-534; D. EDWARDS, *Aliento de vida. Una teología del Espíritu creador*, Verbo Divino, Estella 2008; B. J. HILBERATH, *Pneumatología*, Herder, Barcelona 1996.

[3] Cf. K. RAHNER, *Curso fundamental da fé*, São Paulo, Paulus, 1989, 371-374.

[4] Cf. E. MOLTMANN-WENDEL (ed.), *Die Weiblichkeit des Heiligen Geistes*, Gütersloh 1995. Esta dimensão é indicada também a partir da América Latina,

De fato, no livro da Sabedoria, encontramos uma personificação feminina do Espírito, na *sophia*,[5] que tem relação com a justiça do bom governo, a qual se identifica com o *pneuma*, o princípio interno da vida física e moral, com que os governantes hão de reger seu povo, especialmente fazendo justiça aos pobres (Sl 72,2-4).

Esta é a Sabedoria-Espírito que descerá sobre o futuro Messias (Is 11,1-9). Esta sabedoria, que enche o universo (Sb 1,7) e que é amiga da vida (Sb 11,26), conduz Israel para que seja um povo libertado da morte e possa dar vida aos demais. Esta dimensão social da sabedoria em Israel já nos abre o caminho para uma compreensão mais ampla do Espírito.

Porque o Espírito não somente gera a vida no cosmo, desde o caos primordial e na pessoa humana desde a não existência, mas também tem clara dimensão de alentar a vida do povo de Deus em situação de morte. Possui, portanto, uma dimensão social e comunitária; é um alento que vai muito além da morte.

O texto mais clássico do Antigo Testamento é Ez 37,1-14, quando o profeta se dirige ao povo exilado na Babilônia (entre 593 e 571 a.C.), em uma trágica situação de morte: sem rei, sem templo, sem sacerdotes, fora de Jerusalém e da Palestina, sem querer entoar cantos de sua terra em solo estranho, e que se senta junto aos canais da Babilônia para chorar ao lembrar-se de Sião (Sl 137).

---

cf. L. BOFF, *A Ave-María. O Feminino e o Espírito Santo*, Petrópolis, Vozes, 1997, enquanto Congar se mostra bastante crítico; cf. Y.-M. CONGAR, *El Espíritu Santo*, Herder, Barcelona 1983.

[5] Cf. M. J. CARAM, *El Espíritu en el mundo andino. Una pneumatología desde los Andes*, Cochabamba 2102, 70-89.

O Espírito apodera-se de Ezequiel e o leva a um vale cheio de ossos humanos secos. O Senhor faz entrar seu Espírito nesses ossos, que se juntam, cobrem-se de nervos e de carne, e recuperam a pele, enquanto um novo sopro do Espírito lhes confere vida: é uma multidão imensa, como o povo de Israel que, animado pelo Espírito do Senhor, poderá deixar o exílio e retornar a Sião.

Este texto, que antecipa o tema da ressurreição dos mortos, lido a partir da chave hermenêutica latino-americana, é especialmente significativo e confirma tudo quanto vimos afirmando. Não se trata simplesmente de que o Espírito dá vida, aumenta a vida, protege a vida, acompanha a vida, mas que dá vida aos mortos, faz passar da morte para a vida, gera esperança quando esta já não existe mais e aparentemente tudo é morte.

E não se trata somente da esperança de uma vida eterna depois da morte temporal, mas de uma esperança de vida histórica, coletiva, neste mundo, para os que perderam humanamente toda esperança, como o Israel do exílio.

A exegese tradicional tende a espiritualizar estes textos, como também o texto do Êxodo, e reduzi-los a uma libertação espiritual para depois da morte, quando, na realidade, falam de situações históricas, da passagem da escravidão para a liberdade, do exílio para a pátria.

Se passamos para o Novo Testamento, temos de começar afirmando que Jesus nasce de Maria virgem por obra do Espírito, como afirma a mais antiga profissão de fé, fundando-se em Lc 1,35. Por isso, o menino que nascerá será chamado Filho de Deus.

Este nascimento virginal de Jesus está em íntima conexão com o nascimento de heróis de Israel de mães estéreis, desde Sara (Gn 11,30) até Isabel, mãe de João Batista (Lc 1,7.25), passando por Rebeca (Gn 25,21), Raquel (Gn 29,31), a mãe de Sansão (Jz 13,2-7) e Ana, a mãe de Samuel (1Sm 2,1-11).

Nestes casos, mostra-se que para Deus nada é impossível (Gn 18,14; Lc 1,37), ou seja, que o Espírito é capaz de gerar vida onde não existe senão vazio e ermo. No caso de Maria, não se trata de esterilidade, mas de virgindade, para que apareça mais claramente que Jesus é Filho do Pai por obra do Espírito, sem concurso de varão.

Não deixa de ser sintomático que muitos exegetas e teólogos do Primeiro Mundo questionem a virgindade de Maria e proponham o nascimento de Jesus como o dos demais seres humanos, mediante a união sexual de seus pais, pois se poderia interpretar que a virgindade de Maria desvaloriza a sexualidade humana.

No entanto, podemos perguntar-nos se, para além desta razoável defesa da sexualidade humana, não se oculta algo mais profundo nesta postura moderna: a partir do mundo do progresso, da riqueza e da ciência moderna, não se consegue aceitar que o Espírito aja a partir de baixo, do não poder, de uma jovem camponesa galileia de Nazaré que não conhece varão.

Não consegue aceitar que o Espírito gera vida não a partir das causas humanas razoáveis, mas superando-as, com algo mais que vai além da causalidade imanente, puramente humana. Não se compreende que na vida "tudo é graça", o que significa que tudo é dom do Espírito, um Espírito que insufla vida e novidade nas criaturas, um Espírito que respeita a autonomia e a autorrealização das causas criadas, mas que misteriosamente transborda, vai mais longe, faz com que se autotranscendam a partir de dentro, não de fora.[6]

Por isso, no Terceiro Mundo, concretamente na América Latina, a virgindade de Maria não é problema, porque se vive diariamente o milagre da vida a partir da pobreza, do nada, da esterilidade da impotência. A encarnação de Jesus de Maria virgem é o paradigma neotestamentário de que o Espírito gera vida a partir do não ser, que, como diz Paulo, é aquele que dá vida aos mortos e chama à existência as coisas que não existem (Rm 4,17).

O Espírito que gera Jesus de Maria é o mesmo que o ressuscitará dentre os mortos; em ambos os casos, "sem causa precedente", de forma gratuita e amorosa. Aqui temos também o fundamento teológico da "epiclese" litúrgica, pela qual, graças à invocação eclesial do Espírito, se comunica a graça e a salvação, o Espírito, através dos sacramentos.

Para João, o Espírito é Espírito de vida, uma vida que não é puramente biológica (*bios*), mas que nos faz participar da vida divina (*zoe*) pelo dom pascal do Espírito do Senhor Ressuscitado. Jesus veio para dar-nos vida em abundância (Jo 10,10), suas palavras são Espírito e vida, pois o Espírito, não a carne, é quem dá vida (Jo 6,63). Este Espírito, que está estreitamente ligado à Páscoa, tanto que se chega a dizer que antes da Páscoa não havia Espírito (Jo 7,39), é comunicado aos discípulos na manhã da Páscoa, através de um misterioso e simbólico sopro (Jo 20,22).

No entanto, o que nos interessa destacar a partir desta chave hermenêutica *kenótica* e a partir da base, própria da América Latina,

---

[6]   D. EDWARDS, *Aliento de vida*, 86-90.

é que, quando se diz que Jesus, em sua morte, entregou o espírito (Jo 19,30), há uma profunda alusão a algo que vai além da entrega de sua alma ao Pai: anuncia o dom pascal do Espírito.

Com efeito, uma leitura teológica do Evangelho de João nos mostra que "a hora" de Jesus é a de sua exaltação (Jo 12,32); exaltação que inclui sua morte e ressurreição, sua volta ao Pai e a efusão do dom do Espírito. Este Espírito não é um dom criado por Deus: é o Alento que recebe o alento expirado por Jesus para ressuscitá-lo; é aquele que faz nascer a vida, mãe da vida no parto da criação de novos filhos de Deus.[7]

O dom pascal do Espírito, que Jesus havia anunciado e prometido aos seus como outro paráclito (Jo 14,16s), que os levaria à verdade plena (Jo 16,13-15), brota de um homem supliciado, crucificado pelos poderes religiosos e políticos de seu tempo: de Jesus de Nazaré, a quem se acusa de querer apresentar-se como rei dos judeus (Jo 19,19-22).

Formulando-se de outro modo, o dom pascal do Espírito nasce da cruz, da impotência de uma vida pobre e entregue ao serviço dos demais. Por isso, Jesus, antes de entregar o Espírito a seus discípulos, mostra-lhes as chagas das mãos e o lado (Jo 20,20), para insinuar que o Ressuscitado é o Crucificado, e que o Crucificado é Jesus de Nazaré.[8] O Espírito que Jesus recebeu e dá sem medida (Jo 1,32; 3,34) está ligado a seu mistério pascal, à sua morte e ressurreição.

---

[7] J. VITORIA, "El rostro de Dios que se vislumbra en el crucificado": *Selecciones de Teología* 207 (2013), 163-178.

[8] V. CODINA, *Una Iglesia nazarena*, Sal Terrae, Santander 2010.

Assim, também para o Evangelho de João, o Espírito nasce ao rés do chão, não a partir do poder e do triunfo, mas da *kenosis* e da cruz. Quando, a partir da América Latina, diz-se que os crucificados deste mundo se converteram em fonte de luz e de vida, de Espírito, não se diz nada de estranho ou novo: é prolongação do mistério do Espírito de Jesus, que brota e se entrega a partir da cruz.

Neste mesmo sentido se pode entender a afirmação de Paulo de que a criação geme em dores de parto, e que nós mesmos, que possuímos o Espírito, gememos em nosso interior, esperando a salvação plena (Rm 8,22-23). No gemido da criação e da humanidade, temos de discernir a presença clamorosa do Espírito que busca salvação, libertação, justiça, plenitude escatológica, precisamente a partir de onde há mais dor e aflição.

Quando os bispos latino-americanos em Medellín e Puebla dizem que escutam o clamor, não somente surdo, mas tumultuoso e ameaçador, do povo que sofre, e que discernem neste clamor um sinal dos tempos, não fazem nada mais que descobrir a presença clamorosa do Espírito presente nos gemidos dos pobres do continente.

Contudo, o paradigma e fundamento bíblico da ação do Espírito que faz passar da morte para a vida é a ressurreição de Jesus. O Espírito ressuscita-o dentre os mortos, e esta ressurreição é o começo e as primícias da esperança também de nossa ressurreição.

> E se o Espírito daquele que ressuscitou Jesus dentre os mortos habita em vós, aquele que ressuscitou Cristo Jesus dentre os mortos dará vida também a vossos corpos mortais, mediante o seu Espírito que habita em vós (Rm 8,11).

O Espírito é capaz de fazer sair dos infernos da morte, da dor, da solidão e da pobreza aqueles que confiam nele, e dar-lhes vida.

Podemos resumir esta ação do Espírito que dá vida aos que não a têm com a afirmação do salmo:

Escondes tua face e eles se apavoram,
retiras sua respiração e eles expiram,
voltando ao seu pó.
Envias teu sopro e eles são criados,
E assim renovas a face da terra (Sl 104,29-30).

3. Pai-mãe dos pobres

O hino medieval *Veni Sancte Spiritus* invoca o Espírito como "pai dos pobres", título que podemos reler hoje como "pai materno dos pobres", se levarmos em conta o que temos dito sobre a dimensão feminina da *ruah*.

É difícil compreender plenamente, hoje, o alcance que se queria dar a esta expressão de paternidade-maternidade do Espírito em relação aos pobres.

Podemos pensar que se referia à ação salvífica do Espírito em toda a história da salvação, desde o Êxodo até os gestos messiânicos de Jesus com os pobres, enfermos, excluídos, pecadores etc. Seria algo semelhante ao que a Igreja latino-americana formulou em Puebla como a opção pelos pobres, implícita na fé cristológica, na expressão de Bento XVI, recolhida por Aparecida.[9] O Espírito é pai

---

[9] *Documento de Aparecida*, 393.

materno dos pobres na medida em que deseja seu bem, compadece-se deles, ajuda-os através de outras pessoas, liberta-os e salva-os, dá-lhes esperança para a luta, concede-lhes força para viver o dia a dia em meio a todas as dificuldades e problemas.

Contudo, parece-nos que se pode ir mais além e ver nesta expressão do Espírito como "pai materno dos pobres" um eco da exultação messiânica de Jesus, que, no Espírito, dá graças e bendiz ao Pai porque ocultou os mistérios do Reino aos sábios e prudentes deste mundo e os revelou aos pequenos e às pessoas simples (*nepioi*, cf. Mt 11,25-27; Lc 10,21-22). Esta é a única oração de Jesus em sua vida pública – excluindo-se a paixão –, conservada pelos evangelistas: uma oração suscitada pelo Espírito e que desemboca em uma confissão trinitária.[10]

Estes *nepioi* são as pessoas sem importância, que não contam, que não sabem, que não podem, que não têm, ou seja, os pequenos, os ignorantes, os pobres, as crianças, aqueles que os fariseus e doutores da Lei desprezavam e consideravam malditos (Jo 7,45-49). A este grupo pertence, de algum modo, o próprio Jesus, pobre, sem ser doutor da Lei como os escribas, sem ter nem casa nem lugar onde reclinar a cabeça, mas em íntima comunhão com o Pai, fonte da verdadeira sabedoria, que lhe revela seus desígnios misteriosos de salvação. Estes são os pobres evangelizados por Jesus (Lc 7,22). São os que Paulo chama de fracos, plebeus, desprezíveis, loucos aos olhos do mundo, mas que foram escolhidos por Deus para confundir os sábios e poderosos (1Cr 1,26-31).

---

[10] Confira-se o longo e profundo comentário destes textos em P. TRIGO, *Te bendigo, Padre, Señor*, Universidad Iberoamericana, Puebla 2010.

Estes são hoje, na América Latina, os que E. Galeano chama de "nadas" e G. Gutiérrez, de "insignificantes": pobres, crianças, anciãos, mulheres, enfermos, índios e afro-americanos; os que não significam nada para os grandes deste mundo, que se reúnem em congressos exclusivos de países poderosos para manter suas corporações.

Não se trata unicamente dos pobres que hão de ser objeto da ação compassiva e até mesmo profética da Igreja, mas dos pobres como objetos eclesiais, dotados de uma misteriosa compreensão dos mistérios do Reino; algo que escandalizava Israel e agride também hoje nossa mentalidade e nossas expectativas razoáveis modernas.

Isto estaria em conexão com o que afirma o Vaticano II, segundo o qual o Espírito confere a todos os fiéis batizados o sentido da fé e numerosos carismas (*Lumen gentium*, 12). Entretanto, uma leitura latino-americana vai mais além e afirma que entre os fiéis, ou melhor, entre todas as pessoas, os pobres têm um privilégio especial diante da compreensão do Reino e da fé; que os pobres são, em linguagem mais técnica, um lugar teológico privilegiado para compreender o Evangelho.

É o caso dos pastores de Belém, aos quais se anuncia o nascimento de Jesus. Acorrem pressurosos e voltam louvando a Deus por tudo o que viram (Lc 2,8-20). É o caso do velho Simeão e da profetisa Ana, que, iluminados e movidos pelo Espírito, descobrem no menino daquele casal de camponeses pobres que entra no Templo o Messias prometido aos povos, luz das nações e glória de Israel; enquanto os sacerdotes, escribas, fariseus e levitas que estariam no Templo não captam o mistério da glória de Deus no santuário (Lc 2,22-38). O povo simples e pobre (*ochlos*) é que acolhe Jesus em seu ministério,[11] enquanto outros membros qualificados do povo de Deus (*laos*) o desconhecem e o rejeitam.

Este seria mais um exemplo da convicção de que o Espírito age a partir da base, ao rés do chão, da impotência e da situação caótica. É o que Puebla chama de "o potencial evangelizador dos pobres".[12]

O Espírito concede aos pobres uma compreensão da fé e do Reino compatível com certa ignorância de muitos elementos doutrinais. Dito de maneira mais teórica, sua fé subjetiva, com a que têm acesso a Deus (*fides qua*), é mais forte do que seus conteúdos objetivos (*fides quae*); e, no entanto, sua atitude crente muitas vezes intui os grandes valores da fé de maneira tão conatural e clara que excede e supera a muitos sábios e prudentes que possuem grandes conhecimentos doutrinais, mas cuja atitude não está em sintonia com o Reino. Estes pobres são o objetivo das bem-aventuranças lucanas: deles é o Reino dos céus (Lc 6,20).

Na América Latina, essa predileção paterno-maternal do Espírito pelos pobres se manifesta, por exemplo, na religiosidade popular, que reflete a sede de Deus dos pobres e simples,[13] e nas comunidades de base e grupos bíblicos que leem a Escritura a partir de seu contexto popular.

Não se trata de magnificar ou canonizar os pobres, cheios de defeitos e misérias, como todos os demais, mas de indicar esta misteriosa presença do Espírito neles. Não se quer negar a necessidade de progresso e de desenvolvimento científico, mas afirmar

---

[11] J. M. CASTILLO, "Jesús, el pueblo y la teología": *Revista Latinoamericana de Teología* 44 (1998), 111-131.

[12] *Documento de Puebla*, 1.147.

[13] *Documento de Aparecida*, 258; 249.

a necessidade de que este progresso esteja a serviço de todos, essencialmente dos insignificantes. Tampouco se quer negar a necessidade de uma nova evangelização e de uma volta ao Jesus do Evangelho, como propõe Aparecida,[14] mas afirmar a necessidade de captar esta ação do Espírito que, nos pobres e a partir deles, busca um novo modelo de sociedade e de Igreja.

Poderíamos afirmar que, além do magistério doutrinal dos bispos e além do magistério teológico dos doutores, existe o magistério evangélico dos pobres, baseado na luz do Espírito, que é pai materno dos pobres e que os ilumina internamente. E podemos perguntar-nos se se leva em conta este magistério na hora de se fazerem opções pastorais ou até mesmo doutrinais e morais, por parte dos responsáveis da comunidade eclesial. Alguém os consulta, leva-os em conta, adapta-se à sua linguagem, deixa-se interpelar por eles? Finalizemos com alguns versos do bispo poeta do Brasil, Pedro Casaldáliga, que podem resumir o que foi dito nesta seção:

O Espírito

decidiu

administrar

o oitavo sacramento:

a voz do povo![15]

---

[14] Id., 12.

[15] P. CASALDÁLIGA, *Cantares de la entera libertad: antología para la nueva Nicaragua*, Instituto Histórico Centroamericano, Managua 1984, 73.

4. Síntese

O mistério cristão nunca pode ser formulado de forma total, tanto pela incompreensibilidade divina como pela limitação de nossas abordagens intelectuais e verbais humanas. Nossa compreensão e nossa linguagem são parciais. Por isso, o mistério do Espírito só pode expressar-se parcialmente, e nossas abordagens são limitadas: Espírito de justiça, Espírito de vida para os que não a têm, Espírito pai materno dos pobres. Cada afirmação se complementa com as outras, nenhuma é absoluta, todas são aproximadas.

No entanto, se quiséssemos, de algum modo, resumir e sintetizar quanto afirmamos nesta análise bíblica do tema do Espírito a partir da base, dos pobres, poderíamos dizer o seguinte: assim como Bento XVI, em seu discurso inaugural de Aparecida, afirmou que a opção pelos pobres está implícita em nossa fé cristológica,[16] poderíamos dizer analogicamente que a opção pelos pobres, a favor deles e a partir de meios pobres, está implícita em nossa fé pneumatológica.

E esta fé afeta o que se afirma na profissão de fé, como consequência da ação do Espírito.

Dessa nossa fé no Espírito se deduz explicitamente que a Igreja há de ser dos pobres, que a comunhão dos santos é baseada numa santidade para a justiça, que a ressurreição da carne é fruto do Espírito que dá vida ao que estão mortos, que a vida eterna é dom gratuito do Espírito que supera e transcende a possibilidade e a capacidade humana, sujeita à mortalidade e à contingência.

---

[16] BENTO XVI, *Discurso inaugural de Aparecida*, 3; cf. *Documento de Aparecida*, 393.

E tudo isso é teologicamente coerente, porque a fé no Espírito é inseparável da fé em Cristo. A missão do Espírito não tem outro conteúdo senão o cristológico: a *kenosis* de Jesus configura a *kenosis* do Espírito. A mão do Espírito, juntamente com a mão de Cristo, revela-nos o amor do Pai, que, com estas duas mãos, nos cria, nos abraça e nos salva, nos faz participar de sua vida e comunhão trinitária, como mais adiante veremos de modo amplo.

Compreendemos melhor tudo isso a partir da base, de nossa pobreza pessoal e comunitária, porque aos pobres e insignificantes foram revelados os mistérios do Reino. Como afirma o biblista Carlos Mesters:

> Na leitura da Bíblia aparece uma constante desde Abraão até o fim do Novo Testamento. A voz de Deus toma forma, profundidade e sentido sempre nos marginalizados. Nas épocas de crise e renovação, Deus interpela seu povo a partir da marginalização, e este começa a recuperar o sentido e o dinamismo perdido em sua marcha.[17]

O que Casaldáliga afirma sobre Romero, que os pobres o ensinaram a ler o Evangelho, pode-se ampliar e estender a toda a Igreja latino-americana e universal. E tudo isso pela força do Espírito, que sopra especialmente a partir de baixo, dos insignificantes.

---

[17] C. MESTERS, "El futuro de nuestro pasado", en Varios autores, *Una Iglesia que nace del pueblo, Sígueme*, Salamanca 1979, 107.

CAPÍTULO 3

A pneumatologia patrística
e os pobres

É anacronismo querer achar em outras épocas históricas respostas para os desafios de hoje. Em todo caso, pode ser interessante rastrear por onde iam as preocupações do passado e ver se nos podem oferecer algo no mundo de hoje. Concretamente, vamos apresentar alguns traços e tendências da pneumatologia patrística e perguntar-nos se havia nesta teologia do Espírito alguma relação com os pobres e a justiça, que se aproxime um pouco da chave hermenêutica latino-americana.

Tampouco podemos oferecer um panorama completo da pneumatologia patrística, pois isto suporia um estudo coletivo e interdisciplinar que nos supera. Faremos unicamente algumas análises significativas e remeteremos a outros estudos mais especializados sobre o tema.[1]

---

[1] Além das obras já citadas de Y.-M. Congar, B. J. Hilberath ou D. Edwards, fundamentamo-nos principalmente em C. GRANADO, *El Espíritu Santo em los Santos Padres*, San Pablo Madrid 2012.

1. No contexto do Concílio de Constantinopla I

A Igreja primitiva, como o atestam os textos bíblicos e os documentos históricos sobre a vida eclesial das origens (Didaqué, Clemente Romano, Justino, Atenágoras e os Padres Apologetas, Inácio de Antioquia, Irineu, Tertuliano...), não deixou nem de acreditar no Espírito Santo nem de professar sua fé trinitária na liturgia batismal, na "epiclese" dos sacramentos e em suas doxologias, embora esta fé não fosse muito reflexiva nem tivesse muitas explicitações teológicas. A Igreja batizava em nome do Pai, do Filho e do Espírito Santo, como se reflete em Mt 28,19, e aceitava carismas e profecias como dons do Espírito.

Contudo, logo começaram as heresias cristológicas e trinitárias, concretamente o arianismo, que negava a divindade do Filho e sua consubstancialidade com o Pai. O Concílio de Niceia (325), convocado por Constantino, proclamou a divindade do Filho e sua consubstancialidade com o Pai (*homoousios*) e em seu credo, acrescentando uma breve afirmação de fé no Espírito Santo.

No entanto, depois de Niceia, seguiu-se a corrente ariana, empenhada agora em negar a divindade do Espírito: o Espírito seria uma criatura excelsa, criada pelo Filho, talvez uma energia ou um anjo, mas não da mesma natureza do Pai e do Filho; portanto, nem Deus nem objeto de adoração. Entre os defensores desta postura herética, além de Ário, estavam Eusébio de Cesareia, Macedônio, Eustácio de Sebaste etc., chamados "pneumatómacos", "trópicos" e também "macedonianos".

Uma série de bispos e Padres da Igreja, como Atanásio, Basílio, Gregório Nazianzeno, Gregório de Nissa, Cirilo de Jerusalém etc., reagiu contra esta heresia e defendeu a divindade do Espírito.

É interessante constatar que alguns dos argumentos que os defensores da divindade do Espírito apresentavam provinham da própria vida da Igreja, da práxis eclesial: Cirilo, em suas catequeses batismais, apresenta a fé da Igreja na divindade do Espírito a partir da prática litúrgica do Batismo e da "epiclese"; outros, como Atanásio, esgrimiam o argumento de que, se o Espírito Santo não fosse Deus, nós não poderíamos ser divinizados. Também impactava o fato do monacato como movimento profético e crítico, suscitado pelo Espírito, que tinha que provir de Deus.

Todavia, Basílio, em seu *Tratado sobre o Espírito Santo*, certamente foi o mais lúcido e quem preparou o terreno para o Concílio de Constantinopla I. Basílio afirma que, nas doxologias trinitárias, tanto se pode afirmar glória ao Pai "com o Filho, com o Espírito Santo" como glória ao Pai "pelo Filho, no Espírito Santo";[2] e, posto que não se empregue a fórmula "consubstancial" (*homoousios*) nem se diga explicitamente que o Espírito seja Deus, confessa que o Espírito recebe a mesma honra e glória (*homotimon*) que o Pai e o Filho, e que está unido por comunhão de natureza com o Pai e o Filho, como aparece na liturgia batismal.

Neste clima se celebra o Concílio de Constantinopla, convocado pelo imperador Teodósio (381), do qual participam 150 bispos do Oriente e nenhum do Ocidente; tampouco o Papa Dâmaso, nem seus representantes, em meio a tensões eclesiológicas entre

---

[2] SÃO BASÍLIO, *Tratado sobre o Espírito Santo*, 1,3.

Roma e Constantinopla, e de tensões teológicas entre Antioquia e Alexandria.[3]

Interessa-nos destacar o terceiro artigo da profissão de fé que completa o credo de Niceia. Diz-se, então, em Constantinopla I, que o Espírito é santo (ou seja, fonte de santificação, que pode santificar e divinizar os fiéis), Senhor (portanto, de categoria divina, nem subordinado nem escravo), vivificador, doador de vida (criador de vida), que procede do Pai (não é criatura nem uma emanação da substância divina, tampouco é gerado como o Filho, mas que é uma pessoa diante do Pai), que com o Pai e o Filho é conjuntamente adorado e glorificado (recebe a mesma honra e glória, como se mostra nas doxologias da liturgia eclesial, e que falou pelos profetas (no mesmo nível do Verbo, agindo já no Antigo Testamento, não somente na Igreja). A estes dados, porém, se acrescenta a ação do Espírito na economia da salvação, na qual o Espírito está presente e age: na Igreja, no Batismo para a remissão dos pecados, na ressurreição dos mortos e na vida do mundo futuro.[4]

Constantinopla supõe uma vitória contra os arianos e os pneumatómacos, e, embora não se chegue a afirmar expressamente que o Espírito é consubstancial ao Pai, nem que é Deus, sua divindade e sua personalidade ficam claramente afirmadas. Consequência de Constantinopla será uma intensificação da "epiclese" ou invocação

---

[3] Cf. H. JEDIN, *Breve historia de los concilios*, Herder, Barcelona 1963, 27- 32; K. SCHATZ, *Los concilios ecuménicos. Encrucijadas en la historia de la Iglesia*, Trotta, Madrid 1999, 43-47; C. GRANADO, op. cit., 175-182.

[4] H. DENZINGER; A. SCHÖNMETZER, *Compêndio dos símbolos, definições e declarações de fé e moral*, São Paulo, Paulinas, Loyola, 207, n. 150.

ao Pai para pedir o Espírito, assim como também a potenciação da festa de Pentecostes, uma festa trinitária, não somente festa do Espírito.[5]

Está fora de contexto perguntar-nos aqui até que ponto o tema da justiça e dos pobres está presente em Constantinopla I, pois a preocupação dessa época é a divindade do Espírito. Entretanto, é significativo que uma das provas e dos sinais da divindade do Espírito seja, juntamente com o fundamento bíblico, a ação vivificante do Espírito na história da salvação: na Igreja (una, santa, católica e apostólica), no Batismo, na divinização santificadora dos fiéis, nos profetas, na futura ressurreição dos mortos e na vida eterna; também presente de modo especial na experiência "pneumática" do monacato. Existe, portanto, uma preocupação por discernir e aceitar a presença do Espírito na história, na realidade, na vida. Esta será também a preocupação da Igreja e da teologia latino-americanas, que partem sempre da realidade, da vida, evidentemente em outras coordenadas sociais, políticas e eclesiais.

2. As duas mãos do Pai

Já antes de Constantinopla I, Irineu (falecido por volta de 202) afirmava, em controvérsia com os gnósticos, que Deus nos criou com suas duas mãos, que são o Cristo e o Espírito:

> O Pai não precisou de anjo nenhum para criar o mundo e formar o homem pelo qual fez o mundo, como não precisou de ajuda para a organização das criaturas e a economia dos assuntos

---

[5] Y.-M. CONGAR, *El Espíritu Santo*, 105.

humanos, pois já tinha um serviço perfeito e incomparável, assistido que era, para todas as coisas, pela sua progênie e a sua figura, isto é, o Filho e o Espírito, o Verbo e a Sabedoria.[6]

Este simbolismo das duas mãos do Pai, Cristo e o Espírito, que outros Padres da Igreja retomarão,[7] expressa bem as duas missões do Pai, a do Filho e a do Espírito, diferentes entre si, mas que se ordenam à realização do projeto único do Pai. Desenvolvamos brevemente as implicações desta simbologia das duas mãos de Irineu.

O Filho faz-se visível, encarna-se em Jesus de Nazaré, em um lugar da geografia e, em um momento da história, em uma cultura, em uma língua e em um dialeto, revela-se como Palavra e mensagem, passa fazendo o bem, morre e ressuscita, e, depois da Páscoa, derrama o Espírito sobre a Igreja e o mundo. Em Jesus se fundamenta uma Igreja visível, com instituições e estruturas de governo, dogmáticas, rituais, missionárias...

O Espírito, ao contrário, é invisível, está dentro de nós; não tem nome, é anônimo, e o denominamos com diversos símbolos (vento, sopro, água, fogo, pomba...); não se encarna em ninguém, não está vinculado a nenhum indivíduo nem a um espaço geográfico, nem a um tempo cronológico concreto, mas é enviado a todos os povos, a todos os lugares e a todos os tempos. Está

---

[6]   IRINEU DE LIÃO, *Contra as heresias* IV, 7,4. Cf. II, 25,1; II, 30,9; IV, 20,1.3.4; V, 1,3; V, 6,1; V, 16,1. Cf. L. E. dos SANTOS NOGUEIRA, *O Espírito e o Verbo*: as duas mãos do Pai. São Paulo 1995; J. COMBLIN, *O Espírito Santo e a libertação*, Petrópolis, Vozes, 1987, 185-212.

[7]   SAN AMBROSIO, *Expositio Psalmi 118, 10,17*; SAN HILARIO, *Tractatus in Psalmum 108*, 3.

presente e atuante em toda a humanidade, em todas as culturas e religiões, assume a diversidade e, a partir de dentro, move as pessoas, os grupos, as comunidades e os povos rumo ao Reino, a uma humanidade nova.

O Espírito não tem nem palavra nem mensagem próprias, mas ajuda a que a palavra de Jesus seja conhecida e assimilada, ajuda a que a Igreja siga adiante, através da história, e a que a humanidade caminhe para o Reino. O Espírito gera vida, é dinamismo, é mais verbo que substantivo, é ação, alento vital, desde a criação até à consumação final da história, até à parusia.

E, no entanto, estas duas mãos tão diferentes, aparentemente quase opostas, estão em perfeita harmonia: não há duas Igrejas, nem duas religiões, nem duas histórias da humanidade, nem dois projetos de salvação, nem duas "economias" de salvação. O Pai cria e salva com estas duas mãos, com a missão do Filho e a do Espírito; ambas as mãos convergem para um fim comum: a vida plena, a felicidade, a transfiguração do mundo e da história, o Reino definitivo de Deus.

O Espírito prepara a vinda de Jesus desde a criação, desde Israel, desde o Antigo Testamento; precede-o, age em sua encarnação, desce copiosamente sobre ele no Batismo, ungindo-o como Messias, guia-o através de sua vida, ressuscita-o dentre os mortos, constitui-o Senhor e continua sua missão na Igreja, à qual ele acompanha e guia até o final dos tempos.

De São Basílio, o grande teólogo do Espírito, temos este conhecido texto em que aparece íntima relação existente entre Cristo e o Espírito:

O Espírito precede a vinda de Cristo.

É inseparável da sua manifestação na carne.

Os milagres e o carisma das curas foram produzidos por ação do Espírito Santo.

Os demônios foram expulsos por meio do Espírito de Deus.

A presença do Espírito venceu o diabo.

A remissão dos pecados realizou-se por graça do Espírito.[8]

O Espírito, enviado a Cristo e a toda a humanidade, encaminha todos para Cristo; incorpora ao corpo de Cristo toda a criação, dinamiza-a até à plenitude de Cristo, até que Cristo seja um em todos. O Espírito conduz até Jesus, não tem outra orientação; ninguém pode dizer que Jesus é Senhor senão pelo Espírito (1Cor 12,3).

O mesmo Basílio distingue dois caminhos diferentes: um ligado à "teologia" ou mistério trinitário imanente e outro que corresponde à "economia" ou ação da Trindade na história da salvação:

Ora, o caminho do conhecimento de Deus estende-se do Espírito que é um, pelo Filho que é um, até o Pai que é um. E ao contrário, a bondade natural, a santidade natural e a dignidade real partem do Pai, pelo Filho, até o Espírito.[9]

Exatamente por isso, o Espírito é o dom pascal prometido aos discípulos, o qual os conduzirá ao pleno conhecimento da verdade, seu advogado defensor, aquele que lhes dará vida abundante e

---

[8] SÃO BASÍLIO, *Tratado sobre o Espírito Santo*, 19,49.

[9] Id., 18,47.

eterna. Por isso, o critério e o teste para discernir se um espírito é o Espírito Santo é ver se está em coerência com a vida e a morte de Jesus, com seu Evangelho, com suas opções messiânicas, com sua opção pelos pobres e, em última instância, com sua morte na cruz: na cruz se discernem os espíritos.

Por esta razão, tanto a cristologia quanto a eclesiologia devem ser "pneumáticas", no Espírito; do contrário, cairiam no "juridicismo", moralismo, triunfalismo e na arqueologia de museu.

Mencionemos brevemente algumas consequências desta visão de Irineu das duas mãos, das duas missões. Daqui surge já a questão de que em seguida trataremos mais extensamente: se na Igreja ocidental latina temos mantido a harmonia entre ambas as mãos, ou se, ao contrário, temos feito prevalecer a mão do Filho e ocultado e esquecido um tanto a do Espírito.

Contudo, em um sentido positivo e construtivo, esta formulação das mãos do Pai tem grandes consequências e oportunidades para a Igreja e, concretamente, para a teologia latino-americana, pois fundamenta tanto o diálogo entre as culturas e religiões como a teoria e a prática dos sinais dos tempos, que o Vaticano II estabelece e que inspiraram a pastoral e a teologia latino-americanas.

Lamentavelmente, a primeira evangelização do continente não levou em conta esta teologia patrística das duas mãos e acreditou que devia, antes de mais nada, civilizar as culturas originárias a partir da cultura europeia, e extirpar as religiões autóctones por serem consideradas fruto do demônio. A maior parte dos evangelizadores não soube compreender que o Espírito havia chegado antes deles. Os missionários sempre chegam tarde...

Esta precedência do Espírito à vinda de Jesus, esta orientação da pneumatologia para a "cristofonia" têm também consequências pastorais importantes.[10] Não se pode evangelizar, catequizar, anunciar o querigma, missionar se não houver uma abertura prévia, uma preparação evangélica e espiritual, uma iniciação, uma mistagogia que leve ao encontro pessoal com o Senhor, a uma experiência de abertura ao Mistério, ou, em termos populares latino-americanos, a uma abertura ao nosso Deus que sempre nos acompanha.[11]

3. O Espírito, laço de comunhão amorosa

Agostinho (354-430), sendo ainda sacerdote, reconhece que o tema do Espírito não foi tão estudado como o do Pai e do Filho.[12] A partir de então, ele dedica-se intensamente ao Espírito, e seu pensamento acha-se espalhado em suas diversas obras, mas principalmente em *De Trinitate*. Agostinho projeta analogicamente na Trindade as três potências da alma: ao Pai corresponderia a memória; ao Filho, a inteligência, e ao Espírito, a vontade. Em seguida ele se pergunta se o que é comum ao Pai e ao Filho (bondade, santidade...) seria o Espírito Santo, e chega à conclusão de que o Espírito é Espírito do Pai (Mt 10,20; Rm 8,11) e Espírito do Filho (Gl 4,6; Rm 8,9); portanto, o Espírito seria o que, sendo distinto, é comum ao Pai e ao Filho: santidade, amor, unidade pelo laço da paz.

---

[10] Cf. V. CODINA, "Prioridad teológico-pastoral de la pneumatología hoy": *Revista Latinoamericana de Teología 86* (2012), 173-190.

[11] V. CODINA, *Diosito nos acompaña siempre*, Kipus, Cochabamba 2013.

[12] SANTO AGOSTINHO, *A fé e o símbolo*, IX, 18-19. Cf. Y-M. CONGAR, *El Espíritu Santo*, 107s, em que me fundamento amplamente nesta seção.

O Espírito Santo é, pois, alguma coisa comum ao Pai e ao Filho, seja o que for. Mas essa comunhão é consubstancial e coeterna. Se for mais exato dar-lhe o nome de amizade, que se dê. Mas seria mais adequado chamá-lo de caridade. [...] E isso devido à suma simplicidade da substância divina. Eles não são mais que três: um amando aquele que dele procede; outro amando aquele do qual procede; e, por fim, aquele que é a própria caridade.[13]

Embora tanto o Pai quanto o Filho sejam espírito, a palavra Espírito ajusta-se àquele que não é nenhum dos dois, mas em quem se manifesta a comunidade dos dois. O Espírito é, portanto, Espírito e amor das duas primeiras pessoas, procede delas, mas principalmente do Pai, posto que também proceda do Filho (Jo 20,22). Para Agostinho, o *Filioque*, ou seja, que o Espírito procede do Pai *e do Filho*, é algo totalmente necessário. Resume sua doutrina nestas breves linhas:

O Espírito Santo, conforme as Escrituras, não é somente o Espírito do Pai, nem somente o Espírito do Filho, mas de ambos. E essa certeza insinua-se a nós acerca dessa caridade mútua com que o Pai e o Filho se amam mutuamente.[14]

Agostinho chama o Espírito de dom de Deus, conforme a Escritura (At 2,38; 8,20; 10,45...); um dom que nos une a Deus e nos une entre nós pelo mesmo princípio que sela o amor e a paz em Deus. Não é simplesmente o dom criado da graça, mas o próprio

---

[13] SANTO AGOSTINHO, *A Trindade*, VI, 5,3.
[14] SANTO AGOSTINHO, *A Trindade*, XV, 17,27.

Espírito como princípio de unidade da Igreja, fora da qual não há remissão dos pecados. Agostinho vê a Igreja como *communio sanctorum* por obra de Cristo e como *societas sanctorum* por obra do Espírito, e a esta última chama de unidade, caridade, paz, pomba, porque seu princípio é o Espírito. Como instituição, a Igreja provém de Cristo; como acontecimento, provém do Espírito, mas a Igreja, em sua totalidade, está habitada pelo Espírito, é templo do Espírito. Deus quer unir-nos com ele pelo mesmo Espírito, que é o vínculo e o laço de amor entre o Pai e o Filho.

Esse vínculo de amor intradivino é o que nos santifica pessoalmente e nos move para o Pai, até desembocar nele: este é o sentimento profundamente agostiniano de que temos sido feitos para Deus e que nosso coração não descansa enquanto não chegar a ele...

Ninguém negará a profundidade da visão agostiniana do Espírito, tanto da dimensão trinitária (o Espírito como laço de amor entre o Pai e o Filho) como de sua vinculação com o "nós" eclesial, já que o Espírito constitui o vínculo do amor e da unidade da Igreja, templo do Espírito, a "pomba" (*columba*) como símbolo bíblico do Espírito. Contudo, percebe-se que há certo déficit de outras dimensões teológicas, porque sua visão pneumatológica está mais centrada em João do que nos sinóticos, e o Espírito perde riqueza, e sua personalidade própria se dilui ao ser unicamente o laço entre as duas outras pessoas. A pneumatologia ocidental, como veremos em seguida, ficou muito marcada por Agostinho, com suas luzes e suas sombras.

No entanto, embora sua pneumatologia nos pareça excessivamente pessoal, eclesial e sem muita conexão com a história,

Agostinho promove uma prática libertadora na Igreja de Hipona, em cujo porto eram comercializados escravos africanos, especialmente mulheres e crianças. Por exemplo, em uma carta a seu amigo Alípio, Agostinho narra como os fiéis de Hipona, em uma ocasião, libertaram 120 escravos que iam ser deportados, sendo que alguns foram tirados dos barcos onde já se encontravam, e pondera a gravidade destas deportações de escravos e a ação diligente da Igreja de Hipona em resgatar do cativeiro essa gente desafortunada, entre as quais havia muitas mulheres e crianças.[15]

4. Dignidade da pessoa e destino universal dos bens

A Igreja primitiva e a Igreja patrística tiveram forte sentido da dignidade da pessoa humana, sem dúvida reflexo da doutrina patrística trinitária sobre as pessoas divinas. Isto as levará a defender a dignidade das pessoas humanas, por exemplo, diante da situação de pobreza e de escravidão.

Também os Padres defendem o destino universal dos bens, tanto na teoria quanto na prática. Foram momentos de uma Igreja muito sensível à justiça e muito solidária com os pobres de seu tempo. Este é o primeiro ponto que queremos expor agora.

No entanto, a questão seguinte é: até que ponto esta dimensão humanizadora e social da Igreja daqueles séculos estava relacionada e conectada com sua visão não somente cristológica, mas trinitária

---

[15] SANTO AGOSTINHO, *Carta* 10, 7-8, das cartas de Agostinho descobertas em 1981, na França. Cf. N. CASTELLANOS, *Resistencia, profecía y utopía en la Iglesia de hoy*, Herder, Barcelona 2012.

e, concretamente, pneumatológica? Foi o Espírito o motor teórico e prático desta conversão aos pobres, da defesa de seus direitos, da solidariedade com os excluídos?

O tema da doutrina e da práxis social da Igreja primitiva e, concretamente, dos Padres, tem sido amplamente estudado, de modo que nos limitaremos a sintetizar e ordenar o que já foi pesquisado.[16]

Para isso, temos de evitar simplismo ("os Padres foram comunistas" ou "anticomunistas"), maniqueístas ("antes de Constantino tudo era bom; a seguir, tudo mal") e o anacronismo (querer achar nos Padres soluções para o contexto socioeconômico de hoje, totalmente diverso). Tampouco podemos esquecer que entre os Padres apostólicos, os Padres apologetas e os diversos Padres da Igreja há posturas um tanto diferentes, por exemplo, em torno do mundo pagão e do império, do serviço militar ou da participação em jogos e espetáculos, pois enquanto uns têm uma postura positiva e veem as sementes do Verbo em tudo o que é bom (Justino, Clemente), outros sentem certa rejeição por tudo o que é pagão (Tertuliano). Com estas disposições prévias, adentremo-nos em um mundo rico e complexo, inspirador e diferente do nosso.

A Igreja primitiva, estruturada sobre a base da casa-família como alternativa à sociedade civil e à religião daquele tempo, foi realmente inclusiva: acolhia os pobres e necessitados, viúvas, estran-

---

[16] R. SIERRA BRAVO, *Doctrina social y económica de los padres de la Iglesia*, Compañía Bibliográfica Española, Madrid 1967; J. VIVES, "¿Es la propiedad un robo? Las ideas sobre la propiedad privada en el cristianismo primitivo", en J. ALONSO, J. I. GONZÁLEZ FAUS, V. CODINA, J. M. CASTILLO, J. VIVES, *Fe y justicia*, Sígueme, Salamanca 1981, 173-213; F. RIVAS, *La vida cotidiana de los primeros cristianos*, Verbo Divino, Estella 2011.

geiros, enfermos e prisioneiros; aceitava os escravos na comunidade eclesial, e desde o século IV, exortava a sua libertação (alforria); reconhecia a dignidade da mulher, que estava associada à sua missão (profetisas, missionárias, virgens, viúvas, diaconisas). O martírio dos primeiros séculos também suscitava ações de solidariedade e de celebração de sua memória.

A partir do século IV, a estas iniciativas mais pessoais acrescentaram-se instituições sociais: hospitais, orfanatos para crianças, centros de acolhida para viandantes, peregrinos etc., e tudo isso com a ajuda e a esmola de toda a comunidade cristã e de algumas mulheres muito generosas (Melânia, a Jovem, Paula, Helena, Olímpia...). João Crisóstomo, por exemplo, era responsável por 3 mil pessoas, entre viúvas, enfermos, necessitados...

Contudo, esta forma de vida inclusiva e alternativa à sociedade civil e, em concreto, ao império romano não constituiu uma espécie de seita, pois a comunidade cristã estava em contínua osmose e abertura à sociedade civil em aspectos cívicos e políticos. Um exemplo sintomático é que as crianças e jovens cristãos iam a escolas e centros de educação civis, à *paideia*, com os demais, e a única coisa que se inovou na Igreja foi a formação cristã e o catecumenato na família e na comunidade de fé (Orígenes, Cirilo de Jerusalém...). A estes centros civis acudiram os futuros Padres da Igreja, e exortavam a que assistissem os jovens cristãos. Os cristãos não vivem em cidades à parte, integram-se na sociedade, mas adotam um estilo de vida diferente (cf. *Carta a Diogneto*).

Esse contato próximo com a sociedade civil de seu tempo explica também a grande sensibilidade dos Padres para descobrir a miséria, a pobreza, as situações de escravidão, de fome e de injustiça do povo, dos trabalhadores manuais etc., diante da riqueza, da opulência e do desperdício dos proprietários de terra e das classes ricas da sociedade.

Quais foram os princípios teóricos, teológicos e morais que impulsionaram a esta práxis social que hoje nos causa admiração?

- O princípio da partilha de bens, não somente dos bens espirituais entre os cristãos, mas dos bens materiais com os membros da comunidade cristã e com os membros da sociedade mais necessitados.

- Essa partilha de bens baseava-se em que Deus, criador de todos, criou os bens da terra para todos, e por isso ninguém pode deles se apropriar com exclusividade, de modo que, ante à postura típica do direito romano de que as coisas privadas são próprias de alguém (*privata sunt própria*), se estabelecia o princípio cristão de que os bens privados estão orientados para o bem comum de todos (*privata sunt communia*); portanto, em caso de extrema necessidade, visto que todas as coisas são comuns, todos os bens supérfluos deixam de pertencer aos particulares: *Didaqué, Carta de Barnabé*, Clemente, Tertuliano, Basílio...

- Quando o rico dá esmola, não faz um ato de caridade, mas de justiça, já que está devolvendo ao outro o que lhe pertence: Basílio, Crisóstomo...

- A dignidade da pessoa humana é consequência de que foi criada à imagem de Deus Trindade; é pessoa que participa do ser pessoal e comunitário da Trindade, foi redimida por Cristo; portanto, merece não somente respeito, mas amor, em um clima de fraternidade comum, pois todos somos filhos e filhas do mesmo Pai e possuímos o mesmo Espírito.

- Isso vale não só para os cristãos, mas para toda pessoa, de qualquer sexo (varão-mulher), de qualquer condição social (pobre-rico), legal (escravo-livre) ou étnica (romano/grego--estrangeiro) e de qualquer religião (cristão-judeu/pagão): Basílio, Gregório de Nissa, Gregório Nazianzeno...

- A lembrança da comunidade cristã de Jerusalém, descrita nos sumários de At 2,42-47 e 4,32-37, fundamenta esta dimensão comunitária dos bens na Igreja, a exigência de partilhar, de viver a *koinonia*.

- A memória do profetismo do Antigo Testamento e das atitudes e palavras de Jesus (parábola do bom samaritano, descrição do Juízo Final...) leva a uma denúncia profética das situações de injustiça, causa da pobreza do povo, e a um compromisso pessoal, comunitário e institucional com pobres, escravos, mulheres, crianças, enfermos etc.: Basílio, Ambrósio, Crisóstomo, Jerônimo...

- A ajuda e as esmolas, com as quais se sustentavam as obras de caridade e de assistência aos pobres (hospitais, casas para viúvas...), fazem parte da liturgia eucarística, na qual os fiéis participantes ofereciam seus dons para os pobres, mas não se admitiam esmolas dos exploradores públicos. Ambrósio não se atreve a celebrar a Eucaristia diante do imperador Teodósio, que ordenou a matança em Tessalô-nica, se antes não se convertesse e pedisse perdão.[17]

---

[17] Cf. J. M. CASTILLO, "Donde no hay justicia no hay eucaristía", en *Fe y justicia*, nota 14, 135-151.

Víctor Codina, sj

- É preciso unir o sacramento do altar com o sacramento do irmão: em vez de adornar com ouro e tecidos ricos o sacrário e a Eucaristia, é necessário dar comida e roupa ao pobre, que é quem precisa de ajuda (Crisóstomo).

Em consequência, há uma rica teologia e práxis patrística no tema da justiça social e dos pobres. Até que ponto esta atitude estava fundamentada e motivada pelo impulso do Espírito, não fica claro.

Esta atitude patrística de solidariedade com os pobres, de defesa da justiça, de denúncia da pobreza, de colaboração e assistência caritativa etc., tem, sem dúvida, raízes bíblicas, cristãs, cristológicas e trinitárias, mas não parece uma referência pneumatológica especial.

5. Conclusão

Sem dúvida, os Padres da Igreja, defensores da divindade e da personalidade do Espírito, da divinização do cristão, da Igreja como comunidade eucarística e solidária, da criação à imagem de Deus..., vivem estes grandes princípios teológicos, mas falta uma reflexão explícita sobre a relação estre Espírito e criação, entre Espírito e defesa da vida, entre Espírito e justiça, entre Espírito e história, entre Espírito e uma Igreja que é comunidade solidária com os pobres.

Poderíamos dizer que na patrística aparecem como que duas linhas claras ou dois princípios-chave de seu pensamento e de sua ação: a defesa da divindade do Espírito (principalmente em torno do Concílio de Constantinopla) e a práxis da justiça e da caridade com os pobres.

Viviam, sem dúvida, uma forte experiência cristã espiritual e comunitária, mas talvez não tenha havido uma reflexão explícita sobre a importância do Espírito nesta experiência cristã.

Dito em forma mais técnica, sua pneumatologia é mais "teológica" (intratrinitária) do que "econômica" (ou seja, inclinada para a vida e para a história). Seguramente preferiam viver a dimensão do Espírito na prática mais do que filosofar teoricamente sobre ela.

Nos Padres, não parece clara uma conexão entre o Espírito e a solidariedade com os pobres, embora existam, sim, elementos implícitos que nos permitem explicitar uma possível relação.

Quando os Padres defendem a divindade do Espírito, porque, do contrário, não seria possível a divinização do cristão, no fundo estão conectando o Espírito com a vida cristã concreta, uma vida que exige este compromisso de solidariedade e de justiça, sobretudo, com os pobres.

De igual modo, afirmar que o Espírito é o laço amoroso de união entre o Pai e o Filho e entre Deus e nós (Agostinho) leva a articular a *koinonia* trinitária *ad intra* com a solidariedade cristã *ad extra*. O Deus que nos criou à sua imagem, com a dignidade de ser pessoas, leva-nos a respeitar a dignidade de todas as pessoas, sejam escravos ou livres, homens ou mulheres, pobres ou ricos, sadios ou enfermos. O Deus que criou a terra para o bem de todos quer que compartilhemos todos os bens da terra como irmãos e irmãs. De tudo isso, o Espírito é laço e vínculo de amor e de união.

Na realidade, porém, o fundamento que aparece mais explícito nos Padres entre a teologia trinitária e a práxis social é o cristológico e o eucarístico: o exemplo da vida de Jesus e sua mensagem evangélica levam a unir Jesus com seu corpo, em especial com os pobres e crucificados deste mundo; a Eucaristia leva-nos a unir o sacramento do altar com o do irmão, a ver a presença de Cristo não somente na palavra e na Eucaristia, mas também de modo muito especial no pobre, no enfermo, no encarcerado...

No entanto, a doutrina de Irineu das duas mãos do Pai, das duas missões – a de Jesus, o Cristo, e a do Espírito, e sua mútua complementariedade e correlação –, leva teologicamente a concluir que a atitude de Jesus para com os pobres é sustentada pelo Espírito, que precede Cristo, guia sua vida (Basílio) e prolonga sua missão na Igreja. Ou seja, a opção de Jesus pelos pobres é também opção do Espírito; ele que já falou pelos profetas nesta direção e a acompanha na Igreja.

Talvez também por isso muitos bispos viram no monacato uma presença profética do Espírito que, em uma Igreja que corria o risco de acomodar-se ao estilo mundano do império, principalmente depois de Constantino, a levava para o deserto da pobreza e da oração. O Espírito é aquele que nos move pessoal e coletivamente a reproduzir a vida pobre e humilde de Jesus, o Servo de Yahweh.

Em síntese, os dois princípios patrísticos da divindade do Espírito e a opção pela justiça com os pobres se podem facilmente articular a partir da pneumatologia, sem que sejamos infiéis à tradição patrística, mas, ao contrário, desentranhando e desenvolvendo o que nela está implícito. A clara heurística latino-americana nos ajuda neste labor de desenvolvimento do subentendido na teologia patrística.

CAPÍTULO 4
Releitura da tradição cristã ocidental

Como ler e interpretar, a partir da chave latino-americana dos pobres, a tradição espiritual da Igreja latina ocidental, sua pneumatologia e sua práxis cristã, concretamente, desde a época primitivo-patrística até o Vaticano II?

A tarefa é imensa e supera as forças de uma só pessoa; por isso, vamos nos apoiar em estudos já realizados.[1]

A pergunta volta a ser atual a partir das acusações de teólogos orientais que afirmam que a Igreja ocidental caiu em um "cristomonismo", ou seja, que se estruturou basicamente no polo

---

[1] Y.-M. CONGAR, *El Espíritu Santo*; J. COMBLIN, *O Espírito Santo e a libertação*; id., *O Espírito Santo e a tradição de Jesus*, Nhanduti, São Bernardo do Campo 2012; M. C. LUCCHETTI BINGEMER, "El amor escondido. Notas sobre la *kenosis* del Espíritu en Occidente": *Concilium* 342 (2011), 63-76; V. CODINA, *Creo en el Espíritu Santo. Pneumatología narrativa*, Sal Terrae, Santander 1994.

cristológico, esquecendo-se da dimensão pneumatológica da fé e da vida da Igreja.[2]

Entretanto, há teólogos católicos que, inclusive, vão além.

Pedro Trigo acredita que a Igreja ocidental não tematizou teologicamente nem a relação do Espírito conosco nem tampouco Jesus de Nazaré, elaborando uma cristologia que tem pouco a ver com ele e seu seguimento, o que serviu para deixá-lo de lado – embora seja mencionado em muitos lugares e se diga que tudo se faz em seu nome – e reforçar o poder eclesial e papal. Não se leem discipularmente os Evangelhos, mas, em vez disso, regem a doutrina e a disciplina eclesiásticas; tampouco é servido aos pobres. Deixa-se o Espírito de lado não porque não seja tematizado, mas porque o discernimento espiritual foi substituído pela lei e pela disciplina.[3]

José Comblin, em sua obra póstuma *O Espírito Santo e a tradição de Jesus*,[4] radicaliza sua postura e distingue a tradição de Jesus que procede do Espírito da tradição humana que se plasmou na religião, e concretamente na religião cristã e em sua estrutura eclesiástica. A tradição que provém do Espírito está no mundo real e histórico, não conhece a distinção profano-sagrado, é universal, não busca o poder, anuncia a liberdade, dá prioridade aos pobres, exige uma conversão pessoal; enquanto a tradição humano-religiosa e eclesiástica se trans-

---

[2]   N. NISSIOTIS, "Pneumatologie orthodoxe", en *Le Saint Esprit* (obra coletiva), Labor et Fides, Genève 1963, 85-106. Para ele, "uma verdadeira pneumatologia é aquela que descreve e comenta a vida na liberdade do Espírito, e na comunhão concreta da Igreja histórica, cuja essência não se encontra em si mesma nem em suas instituições" (91).

[3]   PEDRO TRIGO, Anotações particulares não publicadas, 2013.

[4]   Op. cit., nota 1.

mite através do mundo simbólico, separa o profano do sagrado, está ligada a uma cultura que, inclusive, se impõe a todos, busca o poder, não quer a liberdade, não dá valor aos pobres, se transmite pelas forças sociais. Existe, portanto, uma clara diferença entre a espiritualidade que procede do Espírito de Jesus e a religião humana, que se cristaliza na tradição eclesiástica, porque primariamente o cristianismo não é uma religião, mas uma espiritualidade.[5]

Não vamos discutir aqui e agora esta postura, um tanto enviesada, mas a retomaremos no final do capítulo.

1. Pneumatologia da cristandade medieval

Entendemos por "cristandade" a configuração eclesial que se origina a partir do século IV, com Constantino e Teodósio, e que se forja e se consolida no século XI com a reforma de Gregório VII, ex-monge de Cluny. Vamos nos concentrar agora na época medieval, deixando a parte mais moderna para depois.

A partir do âmbito da Trindade imanente, podemos afirmar que a teologia latina medieval segue fundamentalmente a pneumatologia de Agostinho, que considera o Espírito como o laço de amor que une o Pai e o Filho. Os diversos autores enriquecem essa visão agostiniana com vários matizes: para Anselmo, como para Agostinho, o Espírito procede da memória (Pai) e do pensamento (Filho); para Ricardo de São Víctor, o Espírito é o *condilectus* do Pai e do Filho, um amigo comum, um terceiro: um Amor e três amantes; para Boaventura, o Espírito é o nexo amoroso entre o Pai e o Filho, o princípio de nosso retorno para Deus.

---

[5] J. COMBLIN, op. cit., 50.

Tomás de Aquino aprofundará esta noção agostiniana do Espírito como laço de união amorosa entre o Pai e o Filho, que procede de ambos por via da vontade como amor mútuo, com sua concepção teológica de que na Trindade tudo o que é ativo é das pessoas: o conhecimento e o amor não existem senão hipostasiados em sujeitos pessoais, que não se distinguem senão pelas relações de oposição que as constituem; não existem relações senão as de origem.[6]

Esta concepção um tanto "psicologista" e metafísica da Trindade se reflete nas relações da Trindade *ad extra*, em que Deus age como uma única pessoa, não trinitariamente, e só são apropriações as denominações referidas ao Filho e ao Espírito. A vítima de tudo isso é o Espírito, que fica bastante marginalizado.

A cristologia desta época também não é pneumatológica, pois o Espírito não intervém nem na encarnação do Logos, pela união hipostática, nem na redenção. A teoria da redenção de Santo Anselmo não necessita do Espírito.[7] É uma cristologia sem o Jesus histórico, sem os mistérios evangélicos da vida de Jesus. É uma soteriologia sem história, alheia ao mundo e a uma salvação na história. Nesse sentido, tem razão P. Trigo, quando afirma que a ausência do Espírito na teologia afeta a própria cristologia. O "cristomonismo" é questionável também a partir da própria cristologia.

---

[6] Y.-M. CONGAR, *El Espíritu Santo*, 1.167-1.200.

[7] J. COMBLIN, *O Espírito Santo e a libertação*, 29, com nota 20, que cita H. MÜHLEN, "Experiencia social del Espíritu como respuesta a una doctrina unilateral sobre Dios", in C. HEITMANN; H. MÜHLEN (eds.), *Experiencia y teología del Espíritu Santo*, Secretariado Trinitario, Salamanca 1978, 339-364.

A eclesiologia tampouco é "pneumática". Pouco a pouco[8] prevalece o esquema Deus-Cristo-Igreja, entendendo-se por Igreja principalmente a hierarquia. O Espírito está em função e a serviço da hierarquia; ele é quem garante a verdade de seu magistério e a eficácia dos sacramentos; não é a Igreja que está a serviço do Espírito, que é maior do que ela. É verdade que, para Tomás de Aquino, o Espírito desce de Cristo cabeça para o corpo eclesial, principalmente para a hierarquia; santifica a Igreja, e o que não está no corpo eclesial não está vivificado pelo Espírito. Contudo, há um déficit de pneumatologia e, por isso, não nos causa estranheza que Tomás compare os que negam o primado do papa, vigário de Cristo sobre a Igreja universal, com os que negam o *Filioque*, ou seja, que o Espírito procede do Pai e do Filho. Nesta analogia, o papa aparece como causa instrumental da doação do Espírito na Igreja.[9]

Não aparece o Espírito como princípio estruturador da Igreja, como o é o Cristo, nem como cofundador da estrutura eclesial. Desaparecem paulatinamente do horizonte teológico do segundo milênio as dimensões mais comunitárias e participativas, os carismas, a recepção eclesial e a teologia da Igreja local, tão importantes no primeiro milênio eclesiológico, no qual prevaleceu uma eclesiologia de comunhão estreitamente ligada ao Espírito.

---

[8] No século XII, ainda há uma relação entre Espírito e Igreja, entre o Espírito e o corpo natural de Cristo, o corpo eclesial e o corpo eucarístico, mas, em seguida, transforma-se em graça criada, que, a partir de Cristo cabeça, desce sobre a Igreja. Cf. H. DE LUBAC, *Corpus mysticum. L'Eucharistie et l'Église au moyen âge, étude historique*, Aubier-Montaigne, Paris 1944.

[9] SANTO TOMÁS, *Contra errores graecorum*, citado por Y.-M. Congar in *La conciencia eclesiológica en Oriente y en Occidente del siglo VI al XI*, Herder, Barcelona 1962, 64-65.

Das duas mãos do Pai, na formulação clássica de Irineu, prevalece a mão do Filho.

A eclesiologia nasce no século XIV em um contexto eclesial de luta de poderes entre o papa e o poder civil, quando Bonifácio VIII enfrenta o rei Felipe IV da França. Os primeiros eclesiólogos (Egídio Romano, Jaime de Viterbo...) concebem a Igreja como uma sociedade visível e organizada hierarquicamente, uma Igreja que se identifica com o papa, que possui poder espiritual e temporal, acima dos príncipes e senhores seculares. As primeiras eclesiologias são, pois, tratados sobre a potestade do Romano Pontífice.[10] A eclesiologia nasce como apologética do poder papal sobre o imperial. O papa é o sol e o imperador é a lua, enquanto na época patrística a Igreja era a lua e o sol, o Cristo. É de estranhar que até nossos dias o povo cristão identifique a Igreja com a hierarquia e isto provoque em muitos uma rejeição total da Igreja?

Também em torno do século XIV começa a consumar-se uma separação entre teologia e espiritualidade. A teologia é filosófica, metafísica, escolástica, mas pouco experimental e espiritual, ao passo que a espiritualidade é devota e piedosa, mas pouco teológica.

Paul Evdokimov expressou com clareza as consequências do esquecimento pneumatológico no Ocidente:

> A ausência da economia do Espírito Santo na teologia dos últimos séculos, como também seu "cristomonismo", determina que a liberdade profética, a divinização da humanidade, a dignidade adulta e régia do laicato e o nascimento da nova criatura ficam

---

[10] V. CODINA, *Para comprender la eclesiología desde América Latina*, Verbo Divino, Estella, 2008, 85-101.

substituídos pela instituição hierárquica da Igreja, apresentada em termos de obediência e submissão.[11]

No entanto, por estas felizes incoerências da história, presentes também na teologia, há uma afirmação da importância do Espírito na vida pessoal dos fiéis.

A presença do Espírito se afirma na iniciação cristã, na liturgia batismal e na confirmação como dom do Espírito. A dualidade batismo-confirmação reproduz, em nível sacramental, a dualidade trinitária entre Cristo e o Espírito. Por outro lado, no cânone romano, não existe uma explícita "epiclese" ou invocação ao Espírito.

Na Idade Média, surgem dois belos hinos ao Espírito que a Igreja ainda recita e canta hoje: o *Veni Creator Spiritus* (século IX) e o *Veni Sancte Spiritus* (século XIII), com um sentido muito intimista ("Vem, doce hóspede da alma...") e que chama o Espírito de "pai dos pobres", como já vimos.

Desde o século XIII se desenvolve a teologia dos dons do Espírito, a partir da tradução da Vulgata de Is 11,2-3. Estes dons, segundo Tomás, diferenciam-se das virtudes, pois as virtudes se orientam para Deus pela ação humana, ao passo que os dons do Espírito nos movem a partir de dentro, inspiram-nos para além das virtudes, são um acontecimento do Espírito (Rm 8,14). No entanto, como já dissemos no capítulo bíblico, não se levam em conta os versículos seguintes, que falam que o Espírito messiânico fará com que o descendente de Davi não julgue pelas aparências, mas que julgue com justiça os débeis e sentencie com retidão os

---

[11] P. EVDOKIMOV, *La connaissance de Dieu selon la tradition orientale*, Mappus, Lyon 1967, 146.

pobres, sendo a justiça o cinto dos seus lombos, e a verdade, o cinto dos seus rins. E, em seguida, anuncia-se um futuro escatológico de reconciliação cósmica e de paz, em que serão vizinhos o lobo e cordeiro, a vaca e o urso, e uma criança mexerá na cova da serpente: ninguém causará dano, ninguém fará mal (Is 11,4-9).

Por que não se levam em conta estes dons do Espírito com caráter social e cósmico? Não admira que até nossos dias, quando se fala dos dons do Espírito, tanto nas catequeses e homilias da confirmação como na festa de Pentecostes, se omitam estas dimensões da justiça e da harmonia ecológica como frutos autênticos do Espírito do Senhor. Confirma-se, assim, a convicção de que o Espírito, na cristandade ocidental, fica muito reduzido às dimensões subjetivas, pessoais, íntimas e, inclusive, místicas (Hildegarda de Bingen, místicos flamengos e alemães como Taulero, Suso, Ruysbroeck, mestre Eckhart...), mas não se abre a outras perspectivas. Nem se fala de uma reflexão teológica sobre o Espírito e os pobres.

Podemos concluir esta seção dizendo que, na teologia da cristandade medieval latina, o Espírito fica limitado às especulações teológicas agostinianas da vida trinitária *ad intra* e que, na ação do Espírito na economia da salvação (Trindade *ad extra*), fica reduzido à hierarquia e à intimidade dos cristãos, principalmente dos místicos. Contudo, seríamos injustos se nos detivéssemos aqui. É necessário indicar o polo profético do Espírito na Igreja de cristandade latina medieval.

2. O polo profético

Se na cristandade medieval latina, no nível especulativo e eclesial institucional, o Espírito ficou meio oculto e, em todo caso, bastante hierarquizado, no nível histórico se constata uma emergência a partir da base eclesial, ao rés do chão, de uma série de movimentos que reivindicam a dimensão do Espírito na Igreja e na sociedade. Cátaros, albigenses, pobres de Deus, humilhados, valdenses, begardos e beguinas, mendicantes (franciscanos, dominicanos...), *fraticelli*... irrompem a partir de baixo, em um momento em que a Igreja institucional vive o apogeu da teocracia pontifícia, que culmina com Inocêncio III.

Estes movimentos que, no âmbito eclesial, teriam certa continuidade profética com o monacato do século IV, mostram características comuns. Originariamente, em sua maioria, são laicais, de gente pobre, até mesmo miserável, que reagem contra o poder e a riqueza da Igreja hierárquica, querem voltar ao Evangelho de Jesus pobre de Nazaré, desejam imitar os apóstolos e a Igreja dos Atos. Muitos deles aspiram a uma mudança social e política, em um momento de transição entre feudalismo e emergência das cidades ou burgos, surgimento das universidades, passagem da economia puramente agrícola para o comércio etc. Muitos deles têm forte acento messiânico, milenarista e apocalíptico. O tema foi amplamente estudado e só destacaremos aqui os traços mais significativos diante da questão pneumatológica.[12]

---

[12] J. A. ESTRADA, "Un caso histórico de movimientos por una Iglesia popular: los movimientos populares de los siglos XI y XII": *Estudios Eclesiásticos* 65 (1979), 171-200; M. MOLLAT, *Pobres, humildes y miserables en la Edad Media. Estudio social*, FCE, México 1988; J. DOMÍNGUEZ, *Movimientos colectivistas y proféticos en la historia de la Iglesia*, Mensajero, Bilbao 1970; H. DE LUBAC, *La postérité spirituelle de Joachim de Fiore*, 2 vols., Lethielleux, Paris 1979-1981; N. COHN, *En pos del Milenio. Revolucionarios milenaristas y anarquistas místicos de la Edad Media*, Alianza, Madrid 1997.

Alguns destes movimentos decaíram em heresias ao rejeitarem a estrutura hierárquica e sacramental da Igreja, ao passo que os mendicantes souberam unir a dimensão profética da volta ao Jesus pobre do Evangelho, de conversão aos pobres, de mística da pobreza e de fidelidade à Palavra com a obediência ao papa e sua entrega à missão apostólica eclesial.

A tentação da Igreja institucional é repelir as novidades, suspeitar dos carismas,[13] condená-los muitas vezes, sem diálogo prévio. Dificilmente se vê nestes movimentos o sinal do Espírito: rechaçam-se os abusos e erros reais, mas sem captar nem reconhecer o que existe, na realidade, de válido e de verdadeiro. Há uma grande dificuldade em reconhecer a presença do Espírito para além da Igreja institucional, e muito mais dificuldade em reconhecer a ação do Espírito para além da Igreja, na história social e política. A própria teologia que se elabora está à margem da história de seu tempo. Constatou-se que na *Suma Teológica* de São Tomás não aparece nada da história de sua época.[14]

Por isso, é de singular importância a figura do monge cisterciense calabrês Joaquim de Fiore (1135-1202), que, com sua teoria do terceiro reino, na realidade aposta em uma presença do Espírito na história. Para Joaquim de Fiore, ao Reino do Pai, que se manifesta no Antigo Testamento, e ao Reino do Filho, que se

---

[13] Um exemplo clássico é o do Concílio Lateranense IV (1215), que decidiu não reconhecer e aprovar mais do que quatro regras religiosas: as de Basílio, Agostinho, Bento e Francisco. Domingo de Gusmão teve de adotar a regra de Santo Agostinho, sem poder plasmar seu carisma original em uma regra própria.

[14] J. COMBLIN, que traz este dado em *O Espírito Santo e a libertação*, 75, nota 26, indica que há uma exceção: em S. Th. II-II q. 88 a 11,1 se faz referência à peregrinação à Terra Santa.

manifesta no Novo, segue-se o Reino do Espírito, que aparece justamente com os monges e contemplativos. A chegada desta era é iminente; haverá hierarquia e sacramentos, mas espiritualizados, mais na linha de João do que de Paulo.

As teorias e escritos de Joaquim de Fiore, aceitos parcialmente por Boaventura, que via em Francisco um homem espiritual e escatológico, foram rejeitados por Tomás de Aquino e pelos mestres parisienses, e condenados pelo Concílio Lateranense IV, mas tiveram grande importância e uma fecunda posteridade, pois abriram a esperança de que o Espírito agisse na história terrena.

Com Joaquim de Fiore, a escatologia insere-se na história e suscita a ideia da *renovatio mundi*, a "renovação do mundo". Os movimentos e protestos sociais podiam ser realmente, pelo menos de maneira germinal, fruto do Espírito. Somente o Espírito podia renovar o mundo.

Entre os franciscanos, os radicais chamados *fraticelli* assimilam Joaquim e veem em Francisco o instaurador da era do Espírito. A revolução romana de Cola di Rienzo (século XIV) e as missões franciscanas no México foram consideradas consequências da inspiração "joaquinita", a propósito da ação do Espírito na história. Também as reduções jesuíticas?

Joaquim influenciou, outrossim, o mundo filosófico e literário posterior, pois abriu caminho para a filosofia da razão, do progresso do Espírito, do protesto social, da contestação eclesial, da novidade e da liberdade, em um momento em que ainda não havia uma filosofia claramente política. Na idade moderna e durante a Ilustração (*Aufklärung*), com a crítica racional a tudo que é sobrenatural, o Espírito bíblico converte-se em algo secular e filosófico (Hegel e

Schelling) e, inclusive, através do movimento eslavófilo, degenera na terrível ideologia hitleriana do Terceiro *Reich*, o terceiro reino.[15]

O que fica claro através do polo profético da cristandade medieval é que o Espírito age na história, ordinariamente, a partir da base, dos pobres, e em função deles provê a justiça e a igualdade; porém, ao mesmo tempo, evidencia-se que é necessário fazer um sério discernimento para captar realmente o Espírito de Jesus à luz do Evangelho, sem deixar-se deslumbrar nem enganar por ideologias estranhas: em Jesus, em sua cruz e em sua Igreja, discernem-se os espíritos.

3. A Reforma

Muitas vezes se costuma identificar a Reforma com o protestantismo e a Contrarreforma com o catolicismo. No entanto, parece mais exato apresentar a Reforma como um grande movimento espiritual que surge em toda a Igreja e atravessa-a em todos os seus estamentos como protesto contra a decadência eclesial, principalmente a da instituição hierárquica romana, e que, como reação, promove uma volta ao radicalismo evangélico, à Palavra, à fé e à cruz.

Em primeira instância, tanto Lutero e Calvino quanto Inácio e Teresa de Jesus concordam com essa contestação eclesial e com o desejo de voltar às fontes da fé, embora, em seguida, suas posturas diferenciem-se, principalmente do ponto de vista eclesiológico, e, a partir de Trento, os católicos tenham assumido uma atitude apologética de Contrarreforma.

---

[15] Cf. Y.-M. CONGAR, *El Espíritu Santo*, 154-165.

Esta perspectiva permite-nos ver a Reforma como um grande movimento, fruto do Espírito, que atravessa toda a Igreja, buscando sua renovação evangélica (*Ecclesia sempre reformanda*), posto que, a seguir, por culpa de ambas as partes, as posturas se dividam. É semelhante ao que aconteceu na Idade Média com os movimentos laicais populares: alguns ficaram marginalizados e excluídos da grande Igreja, enquanto os mendicantes foram aprovados pelo papa.

Todos esses protagonistas da Reforma, apesar de professarem a fé trinitária dos primeiros concílios e de terem, sem dúvida, uma profunda experiência espiritual, não possuem uma pneumatologia explícita e reflexa.

Um caso típico disso é Inácio de Loyola, que, talvez por medo de ser tachado de alumbrado pela Inquisição, silencia quase totalmente o Espírito Santo em seu livro de *Exercícios*, embora os qualifique de "espirituais" e fale de sentir e experimentar internamente, deixar que o Criador se comunique imediatamente com a criatura, moções internas, consolação e desolação, discrição de espíritos, Deus que habita em suas criaturas etc.[16]

Contudo, tanto Lutero quanto Calvino logo se tornam inimigos tanto dos católicos, aos quais acusam de absolutizar a hierarquia, como também dos entusiastas do Espírito dentro de suas próprias fileiras, os *Schwärmer* e os anabatistas, os quais, desejosos de continuar o movimento da Reforma, apropriam-se do Espírito.

---

[16] Quando os dominicanos perguntam a Inácio, em Salamanca, se o que ele prega é em razão das letras ou pelo Espírito Santo, Inácio não responde. Apesar disso, acaba no cárcere (*Autobiografia*, 65). Cf. V. CODINA, *Una presencia silenciosa. El Espíritu Santo en los ejercicios ignacianos*, Cristianisme i Justícia, Cuadernos Eides 62, Barcelona 2011.

Eles constituem a ala esquerda da Reforma e serão considerados hereges pelos próprios reformadores.

Seja Lutero, seja Calvino, diante dos que gritavam "Espírito, Espírito!", exclamam "Escritura, Escritura!" e adotam uma via média entre Escritura e Espírito, exigindo tanto a dimensão externa da Palavra como a ação interna do Espírito.

De todos estes profetas reformadores, o mais famoso é Thomas Müntzer (1489-1525), considerado um dos gênios religiosos mais importantes do século XVI. Lutero reivindica a liberdade pessoal, que nasce da fé e não pode ser prejudicada por nada exterior, nem pela opressão social, pois não se deve misturar a fé com o temporal. Para salvar-se, à alma basta a Palavra de Deus. Mister se faz separar o mundo interior da fé do mundo exterior e político do Estado-nação.

Müntzer, por outro lado, afirma que a liberdade fica reduzida a nada se não se dão as condições objetivas para sua realização: a fé exige obras. Intui que Evangelho e escravidão são incompatíveis, e não concorda que a Igreja se retire para a esfera privada e dê rédea larga aos príncipes que oprimem o povo. Deve-se colaborar com a era do Espírito com obras, preparar o terceiro reino do Espírito, que continua a obra que o Cristo histórico não pôde acabar. A humanidade necessita do complemento do Espírito e, para isso, há de estruturar um projeto social coletivo, que tenha como agentes os pobres e analfabetos, prediletos do Senhor.

Tudo isso se plasma na guerra dos camponeses, aos quais Müntzer apoia, enquanto Lutero pede ajuda aos príncipes para que degolem os camponeses "como a cães raivosos". Os camponeses acabam derrotados na batalha de Frankenhausen, em 1525; calcula-se que, no conjunto da guerra, morreram cerca de 100 mil. Pouco depois, morre Müntzer, depois de ter sido torturado, enquanto exclamava: "Todas as coisas são comuns". Para Lutero, Müntzer é um demônio encarnado; Müntzer, por sua vez, chama Lutero de vice-chanceler do demônio, servo de Satã e *doctor* mentira".

Lutero representa a modernidade e distingue a função do Estado-nação da função da Igreja, mas leva a cabo uma política social reacionária; em contrapartida, Müntzer, mais medieval, apocalíptico e messiânico, sente-se movido pelo Espírito, como Elias e os profetas do Antigo Testamento, e se converte em gestor de um novo movimento revolucionário. Não é casual que a personalidade de Müntzer tenha sido estudada por autores marxistas como Engels, Bloch e Garaudy, e que na América Latina um discípulo de Gustavo Gutiérrez, o peruano Hugo Echegaray, morto prematuramente, tenha refletido sobre Müntzer na perspectiva da teologia da libertação.[17]

De novo vemos que falta uma pneumatologia explícita no mundo da Reforma, mas há uma clara afirmação teórica e prática da importância da experiência espiritual e persiste o polo profético popular que liga o Espírito com os pobres, por mais que nesta reivindicação social haja elementos espúrios que necessitam de discernimento e correção.

Se a Reforma conhece a importância do Espírito na experiência espiritual dos fiéis, inclusive dos movimentos sociais, a Contrarreforma, ligada a Trento e com uma apologética antiprotestante, insistirá na estreita relação entre Espírito e tradição eclesial, Espírito

---

[17] H. ECHEGARAY, "Lutero y Müntzer, dos concepciones antitéticas del proceso de liberación": *Páginas* 7 (1976), 1-24.

e magistério, Espírito e hierarquia, Espírito e sacramentos, Espírito e obras do cristão. O próprio Concílio de Trento é visto como fruto do Espírito. Contudo, neste clima antiprotestante não é estranho que o aspecto institucional e eclesiástico seja mais valorizado do que a dimensão "pneumática" da fé e da Igreja.

Um exemplo típico é a eclesiologia de Roberto Belarmino, centrada na unidade da fé, na prática sacramental e na adesão à hierarquia. Seu desejo de neutralizar a Igreja invisível e interior dos grupos protestantes o leva a acentuar o visível e o histórico da Igreja: a Igreja é uma sociedade perfeita, tão perfeita como o Estado, tão visível e histórica como o reino dos francos ou a república de Veneza. Não há pneumatologia.

Tem-se a impressão de que, diante do grito "Espírito, Espírito!", quer-se opor o da "Igreja, Igreja!". Há uma primazia invasora do magistério.

A primeira evangelização da América Latina aconteceu nesse contexto eclesial tridentino e de Contrarreforma. Prevaleceu o dogmático, doutrinal e catequético, o moral e ritual sobre o evangélico, o narrativo, o experiencial e simbólico. Foi uma evangelização antiprotestante, mariana e sacramental, quando os indígenas não tinham nem ideia do que havia sido a Reforma luterana. Não houve nenhuma compreensão para com as religiões originárias, vistas como obra do demônio. Não houve presença de uma pneumatologia e, como afirma P. Trigo, tampouco se anunciou a cristologia de Jesus de Nazaré. As consequências negativas se sentem ainda hoje.

No entanto, apesar de tudo, o Espírito esteve presente nessa primeira evangelização, pois o Espírito não precisa de permissão dos pastores nem dos teólogos para agir. Esteve presente nos fiéis que receberam a fé e esteve presente principalmente, como já vimos no primeiro capítulo, nos bispos e missionários proféticos dos séculos XVI e XVII que defenderam os índios diante dos conquistadores.[18] O Espírito fez-se presente a eles através do clamor do povo oprimido.

4. A restauração pós-revolucionária

Essa postura um tanto reacionária se intensificará diante do surgimento de movimentos revolucionários como a Revolução francesa (1789), que é considerada pela Igreja Católica como consequência lógica da Reforma: começou-se a defender a liberdade e a consciência pessoal ante a tradição e a Igreja hierárquica, e a atacar o papa; agora se continua, mas o alvo do ataque é o poder estabelecido na sociedade, a monarquia, e caindo-se no caos social. É o triunfo da deusa Razão sobre a fé, o triunfo da Liberdade ante a ordem posta por Deus, o triunfo do Estado ante a Igreja.

A Revolução francesa, com seus inegáveis efeitos caóticos e violentos, produziu na Igreja um trauma que levará séculos para curar. Dever-se-á esperar os anos do Vaticano II para que Paulo VI reconheça que os ideais da Revolução francesa – liberdade, fraternidade e igualdade –, na realidade, são evangélicos, ou seja, poderíamos explicitá-lo afirmando que são fruto da ação do Espírito, embora estejam mesclados com a cizânia. Como sempre, a mistura de elementos genuinamente evangélicos com erros e atitudes violentas e antievangélicas, que caracterizam as revoluções

---

[18] Cf. E. DUSSEL, *El episcopado latinoamericano y la liberación de los pobres (1504-1620)*, Centro de Reflexión Teológica, México 1979.

e as mudanças sociais, dificultam discernir, em um momento concreto, o que o Vaticano II chamará de "os sinais dos tempos". O mesmo acontecerá com a independência da América hispânica em relação à coroa espanhola. Já em 1780, antes da Revolução francesa, surge no atual Peru uma revolução indígena capitaneada por Túpac Amaru, antigo aluno dos jesuítas que desejava voltar a instaurar o império incaico, mas inspirando-se em princípios cristãos. Foram excomungados ele e suas hostes pelo bispo Mosocoso; a rebelião foi brutalmente sufocada, e Túpac Amaru, barbaramente destroçado por quatro cavalos que corriam em direções contrárias. Essa rebelião foi um alerta que nem a coroa espanhola nem a hierarquia da Igreja compreenderam.

As reformas borbônicas, que substituíram o paternalismo dos Áustrias pelo despotismo ilustrado, não acalmara os ânimos do povo, especialmente da burguesia crioula. Aproveitou-se a ocupação da Espanha por Napoleão para lançar o movimento de emancipação da colônia em uma luta pela independência em relação à metrópole; tal movimento foi guiado pela oligarquia crioula contra a burocracia hispânica (vice-reis, ouvidores e até bispos realistas).

Essa luta pela independência foi justificada teologicamente a partir de uma teologia popular, de púlpitos, assembleias constituintes, proclamações, diários, novas constituições. Aparecem correntes apocalípticas e iluministas, distanciadas da escolástica oficial. Os princípios aprendidos nas universidades, como a de São Francisco Xavier de Sucre, tirados do tomismo e do suarismo, sobre o poder popular, são utilizados para justificar a práxis emancipadora. Morelos, o cura Hidalgo, Juan Germán Roscio... são figuras ao mesmo tempo políticas e teológicas.

O Espírito do Senhor: força dos fracos

Contudo, a independência da América hispânica constitui um trauma não somente para as metrópoles coloniais, mas também para Roma. Pio VII, em sua encíclica *Etsi longissimo* (1816), exorta os bispos americanos a que arranquem a cizânia funesta de tumultos e sublevações que o inimigo plantou e a que admoestem o povo à obediência ao rei católico Fernando VII. Leão XII, em sua encíclica *Etsi iam diu*, de 1824, lamenta, desolado, a situação imperante na América e compara as juntas nacionalistas às pragas de gafanhotos que se formam na lugubridade das trevas. Somente Gregório XVI, em 1831, mediante a constituição apostólica *Sollicitudo omnium ecclesiarum*, reconhece as novas repúblicas e nomeia, finalmente, bispos residenciais. Há uma cegueira total para discernir nestas mudanças históricas um sinal dos tempos, a presença do Espírito.

Essa postura antirrevolucionária e "restauracionista" se manifestará continuamente em forma de rechaço a toda inovação, tanto na Igreja quanto na sociedade. O *Syllabys* de Pio IX, em 1864, é uma condenação de todos os erros modernos, como a liberdade religiosa e a separação entre Igreja e Estado. O Concílio Vaticano I (1870), embora seja mais equilibrado do que as posturas ultramontanas dos setores reacionários (como Joseph de Maistre, Louis Veuillot, Donoso Cortés, Jaime Balmes, Felicité Lamennais...), representa, no entanto, o triunfo da autoridade, tanto divina (constituição *Dei Filius*) quanto papal (constituição *Pastor aeternus*); o triunfo do cristianismo intransigente, a afirmação de uma eclesiologia "hierarcológica", na expressão de Y.-M. Congar. Não se trata de negar aqui suas afirmações dogmáticas, mas de constatar sua orientação enviesada e unilateral, que só encontrará equilíbrio e uma correta complementação no Vaticano II. A "minoria" teológica que foi derrotada no Vaticano I será a "maioria" do Vaticano II.

Essa eclesiologia com pouca presença do Espírito e essa práxis eclesial contra a modernidade se reafirmarão em tempos de Pio X, com sua postura tão crítica diante do modernismo (decreto *Lamentabili* e encíclica *Pascendi*, 1907), e se manifestarão ainda na encíclica *Humani generis* de Pio XII (1950) contra a *Nouvelle Théologie*, com a consequente destituição de suas cátedras dos teólogos Chenu, Congar, De Lubac e Daniélou, e as observações críticas e a censura romana prévia exigida em relação a Karl Rahner. Essa época, que vai de Pio IX a Pio XII, fechada à modernidade e encerrada em uma tradição entendida de modo "fixista", é o que Rahner qualificou de "*epoca piana*".

Não é necessário ressaltar as consequências negativas da postura reacionária da hierarquia eclesial nos setores mais vivos e proféticos da Igreja. O preço de não auscultar nem discernir os sinais dos tempos se paga sempre muito caro e levará muito tempo para recuperar novamente as posturas mais atentas a uma pneumatologia evangélica.

No entanto, como costuma acontecer, junto com e diante dessa teologia e dessa eclesiologia tão rígidas e tão pouco "pneumáticas", aparece certo polo profético na base eclesial, que, embora em seu tempo não tenha sido suficientemente valorizado, depois de certo período exercerá influência positiva em toda a Igreja.

A escola católica de Tubinga, com figuras extraordinárias como J. A. Möhler, rompe com o esquema da Contrarreforma e abre-se a uma visão mais cristológica, mais "pneumática" e mais trinitária da Igreja. A escola romana, surgida no Colégio Romano dos jesuítas (Perrone, Passaglia, Schrader, Scheeben, Franzelin...), enriquece-se com as visões pneumatológicas dos Padres gregos e de Möhler.

A estas escolas, acrescenta-se a personalidade, um tanto solitária, mas realmente destacável, do inglês J. H. Newman. Seus conhecimentos patrísticos, seu personalismo mítico e sua defesa principalmente da consciência, sua visão histórica e dinâmica da Igreja e da evolução do dogma, seu sentido de Igreja não primariamente como instituição, mas como relação de pessoas que formam um corpo eclesial, sua sensibilidade ao diálogo ecumênico, seu reconhecimento da dupla tradição episcopal e profética existente na Igreja, seus estudos sobre a fé do povo simples, que, no século IV, manteve a tradição ortodoxa quando muitos bispos se fizeram arianos..., fazem dele não somente um precursor do Vaticano II, mas um homem que intui a ação do Espírito em todo o corpo eclesial.

Certamente, depois da Revolução francesa, nos séculos XVIII e XIX, surge na Igreja um grande número de congregações masculinas e femininas que estão a serviço dos pobres e que, sem dúvida, são obra do Espírito. Também se restauram algumas ordens suprimidas, como dominicanos, jesuítas, beneditinos... Contudo, diferentemente dos outros ciclos da vida religiosa (monacato, mendicantes, clérigos regulares...), que possuíam forte carga profética diante da Igreja e da sociedade, estas formas de vida religiosa estão muito marcadas pela mentalidade contrarrevolucionária e tradicionalista da Igreja de sua época; têm saudade da antiga união entre o trono e o altar, e formam jovens para que não sejam revolucionários. Crescem numericamente, institucionalizam-se de modo assombroso, estão fortemente organizadas e disciplinadas e se estendem por numerosos países, também na América Latina, mas se fecham ao mundo moderno e tendem a uma ação assistencial e benéfica, sem dúvida admirável e imprescindível, mais do que a uma visão estrutural das causas da pobreza. Esta é a vida religiosa tradicional, a que o Vaticano II urgirá que volte ao Evangelho e a seus carismas originais. O que aconteceu nesses anos? Não é esta a vida religiosa que entrou em forte crise atualmente e para a qual muitos olham com nostalgia?

Digamos, para concluir este tópico, que os estudos de É. Mersch a respeito do corpo místico de Cristo não ensejam uma pneumatologia. A encíclica de Pio XII *Mystici corporis* (1943), influenciada pelos trabalhos de É. Mersch e S. Tromp sobre o corpo místico, representa um enriquecimento ante a visão eclesiológica tradicional e "belarminiana"; fala do Espírito, mas sempre como garantia da instituição hierárquica, e chega a afirmar que o corpo místico de Cristo se identifica com a Igreja Católica romana, de tal maneira que as demais confissões e Igrejas cristãs não fazem parte desse corpo místico de Cristo. No fundo, o Espírito identifica-se somente com a Igreja Católica: fora dela, não haveria nem Espírito nem salvação.

Nesse clima eclesial, inclusive em suas versões mais abertas, não cabe perguntar pela relação entre Espírito e pobres. Talvez somente Newman intua algo ao reconhecer a fé profunda do povo simples, o *sensus fidelium*. A Igreja institucional daquele tempo levou em conta o *Manifesto comunista* de Marx, de 1847-1848? A primeira encíclica social, *Rerum novarum*, de Leão XIII, é de 1891, vinte anos depois da celebração do Vaticano I.

Uma vez visto todo este panorama, pode-se julgar se a afirmação de N. Nissiotis sobre a ausência de pneumatologia da Igreja latina e seu "cristomonismo" é exagerada ou não.

Mas também nos pode ajudar a responder a esta pergunta a reflexão sobre os vazios do Espírito na Igreja ocidental latina, os quais se tentou preencher com alguns sucedâneos.

5. Vazios e sucedâneos

Y.-M. Congar, apesar de sua seriedade histórica e teológica, não duvida em falar de "vazios do Espírito", que foram remediados por outros elementos teológicos na Igreja latina.[19] Concretamente, e citando Ph. Pare, fala da Eucaristia, do papa e, principalmente, de Maria,[20] o que alguns, como o bispo Marcel Lefebvre, qualificam de "as três realidades brancas".[21] Tanto os protestantes quanto os ortodoxos lançam esta acusação.

5.1 A Eucaristia

No que tange à Eucaristia, não podemos negar seu lugar central nos sacramentos e na vida da Igreja (*Sacrosanctum Concilium*, 10), mas podemos, sim, reconhecer que a relação entre a Eucaristia e o Espírito havia ficado muito esquecida e empobrecida na Igreja latina até o Vaticano II. O concílio restabeleceu a "epiclese" ou

---

[19] Y.-M. CONGAR, *El Espíritu Santo*, 188-194.

[20] Ph. PARE, "The Doctrine of the Holy Spirit in the Western Church": *Theology* (1948), 293-300.

[21] Homilia de 18 de setembro de 1977, em Écône, por ocasião do 30º aniversário de sua consagração episcopal. Citação em Y.-M. CONGAR, *El Espíritu Santo*, 190, nota 41.

invocação do Espírito na Eucaristia, em seu duplo momento: primeiro como petição para a conversão do pão e do vinho no corpo sacramental de Cristo e, em seguida, para que a comunidade se converta em corpo eclesial de Cristo.[22] Durante muito tempo, ficou esquecido que o fim último da Eucaristia é a formação de um só corpo em Cristo.[23]

A este ponto, acrescentamos que a teologia latina da Eucaristia, desde as controvérsias sobre a presença real por volta do século XI e, em seguida, na polêmica antiprotestante, desenvolveu principalmente os temas controversos, acentuando fortemente a dimensão de presença e adoração (sacrário, elevação, *Corpus*...) e a de sacrifício, deixando na penumbra outras dimensões: a comunidade, a simbologia do banquete, a Páscoa, o ser sinal escatológico, todas elas muito ligadas à pneumatologia. A teologia eucarística dos primeiros evangelizadores da América Latina é claramente a tridentina, com sua riqueza e seus limites pneumatológicos. Tampouco existe em toda esta revalorização eucarística uma relação clara entre a Eucaristia e a fome dos pobres, entre a Eucaristia e o dinamismo do partilhar.

5.2 O papa

Sobre o tema do papa, basta dizer que, no Ocidente, os nomes do papa sofreram uma contínua evolução, em um *crescendo* de poder e de identificação da pessoa do papa com Cristo: de

---

[22] V. CODINA, "Nuevos enfoques teológicos sobre la eucaristía": *Yachay* 23 (2006), 29-46.

[23] C. GIRAUDO, *In unum corpus. Trattato mistagogico sull'Eucaristia*, San Paolo, Milano 2001.

vigário, ou ainda sucessor de Pedro e servo dos servos de Deus, passou a ser chamado de vigário de Cristo, vigário de Deus, cabeça da Igreja..., esquecendo-se de que a cabeça da Igreja é Cristo e que, para alguns Padres da Igreja, o vigário de Cristo (e de Deus Pai), aquele que faz suas vezes, é o Espírito. Inclusive, os Pontífices que escreveram encíclicas sobre o Espírito, como Leão XIII (*Divinum illud munus*, 1897), convertem o Espírito em um aliado e defensor do papa, de seu magistério de infalibilidade, de hierarquia, e colocam a pertença à Igreja estreitamente ligada ao jurídico, ao dogmático ritual e à submissão à autoridade papal.

Desde os tempos de Pio IX, veio crescendo a "devoção ao papa" como um elemento básico e integrante da fé católica, chegando, às vezes, a uma autêntica "papolatria". Não negamos a importância do ministério apostólico na Igreja, a que, em seguida, se chamou hierarquia, e, dentro dela, o papel essencial do primado de Pedro, exercido pelo bispo de Roma; porém, não podemos fazer do Espírito uma função da Igreja, senão que, ao contrário, toda a Igreja, desde o papa até o último fiel, está a serviço e em função do Espírito e de seu projeto de salvação.

Essa absolutização do papado e de convertê-lo em sucedâneo do Espírito são uma autêntica patologia eclesial e pneumatológica, a que o Vaticano II tentará remediar (*Lumen gentium*, 7,3; 12,1; 27,7; *Gaudium et spes*, 40,2; *Ad gentes*, 4; 15,1). Contudo, mesmo depois do Vaticano II, encontramos sinais claros de uma suspeita e ambígua devoção ao papa, que pode esconder ignorância teológica e também ocultamento de outros interesses nacionais ou políticos.

5.3 A Virgem Maria

Mas, sem dúvida, a figura que mais substituiu na fé do povo a dimensão do Espírito foi Maria. Principalmente na América Latina, a devoção do povo a Maria e a peregrinação a seus santuários são um dado que marca profundamente sua fé. Os motivos da devoção mariana e de suplência do Espírito são múltiplos e vêm de longe.

Desde os séculos XI-XII, surge no Ocidente um desejo de conhecer a vida terrena de Jesus, desde o nascimento até à paixão, e com isso também o desejo de conhecer mais a respeito da vida de Maria, associada intimamente à de Jesus. Da imagem teológica e um tanto hierática da *Theotokos*, surgida em Éfeso, passa-se a uma imagem mais terna, familiar e humana de Maria; começa-se a rezar a Ave-Maria, completada com a "Santa Maria"; nasce o ofício mariano, a *Salve-Rainha*, o rosário e as ladainhas louretanas. O rosário constitui o saltério dos pobres que não sabem ler e que suprem com 150 ave-marias os 150 salmos.[24]

Entretanto, a isto se acrescenta, especialmente na América Latina, o desejo de compensar uma imagem de Deus excessivamente severa e dura, ligada ao juízo e à condenação, transmitida pelos primeiros evangelizadores, com uma imagem mais feminina e bondosa de Deus, mais próxima, doce, materna e misericordiosa. Maria converte-se, assim, na advogada e intercessora diante do juízo de Cristo ou do Pai. Maria, porém, é, além disso, a mulher e mãe que sempre nos compreende e perdoa, a que escuta a oração do pecador, do pobre e do desvalido, é a mãe dos pobres. Maria

---

[24] J. A. JUNGMANN, *Histoire de la prière chrétienne*, Paris 1972, 101-114.

visibiliza o rosto materno de Deus, sua compaixão, dá-nos a vida da graça, leva-nos a Jesus, é "vida, doçura e esperança nossa", como se reza na *Salve-Rainha*. A formulação clássica "a Jesus por Maria" pode resumir esse papel mediador de Maria.

Tais características maternas e femininas, de bondade e de misericórdia, de mediação diante de Jesus, são, na realidade, as que correspondem ao Espírito, à feminina *ruah* bíblica. A figura de Maria de Nazaré vem suprir a ausência de pneumatologia. Há uma migração da pneumatologia para a marialogia.[25]

A devoção a Maria e seu caráter de suplência do Espírito, comum a toda a Igreja, mas especialmente forte na América Latina, sem dúvida está ligada à primeira evangelização tridentina, muito pouco pneumatológica e com forte carga mariana como sinal distintivo católico ante os protestantes. Isto pode implicar um déficit cristológico, pneumatológico e eclesiológico, e até degenerar em certa "marialatria", como nos assacam as Igrejas evangélicas.

Todavia, a estes motivos de piedade popular de caráter religioso na América Latina se unem outros, derivados tanto do papel psicológico da mulher e da mãe na família e na sociedade latino-americana como também da conexão simbólica que existe nas culturas ancestrais entre a figura da mãe biológica e a da mãe-terra, a Pachamama andina, que nos alimenta e nutre.[26]

---

[25] M. C. LUCCHETTI BINGEMER, "El amor escondido. Notas sobre la *kenosis* del Espíritu en Occidente": *Concilium* 342 (2011), 63-76; L. BOFF, *O rosto materno de Deus*, Vozes, Petrópolis 1979.

[26] Cf. D. IRARRÁZAVAL, "Símbolos cristianos y marianos", em seu livro *Indagación cristiana en los márgenes. Un clamor latinoamericano*, Ediciones Alberto Hurtado, Santiago de Chile 2013, 271-338.

Como enfrentar essa substituição do Espírito por Maria no povo, principalmente no povo latino-americano? Denunciar, criticar, extirpar?

Tanto do ponto de vista teológico como do pastoral, é preciso usar um caminho positivo de complementação e de enriquecimento. Para isso, pode ajudar-nos o fato de que, para a tradição da Igreja oriental, o ícone de Maria é também ícone da encarnação, da Igreja e do Espírito. A vida de Maria, desde a encarnação de Jesus, está intimamente ligada ao Espírito: o Espírito fará conceber e nascer Jesus de suas entranhas, guiará toda a vida de Jesus e, em Pentecostes, dá lugar ao nascimento da Igreja. Se há símbolos cósmicos do Espírito (ar, vento, fogo, água, perfume, pomba...), Maria é um símbolo humano do Espírito, templo e lugar teológico privilegiado do Espírito. Como escreve o teólogo russo Paul Evdokimov:

> A maternidade virginal da *Theotokos* (a Mãe de Deus) era considerada como uma figura do Espírito.[27]

E João Damasceno afirma que Maria, como Mãe de Deus (*Theotokos*), contém toda a história da economia (salvação) divina do mundo.[28]

Tratar-se-ia, portanto, de explicitar todas as virtualidades contidas no ícone de Maria: na realidade, sua relação com Jesus, com o Espírito e com a Igreja. Desse modo, Maria não se converte

---

[27] P. EVDOKIMOV, *Présence de l'Esprit Saint dans la tradition orthodoxe*, Cerf, Paris 1977, 78.

[28] SAN JUAN DAMASCENO, *De fide orthodoxa*, II, 12, PG 94, 1029 C.

em simples sucedâneo ou substituição do Espírito, mas em sua imagem e ícone: é uma mulher "pneumatizada".[29]

Sem dúvida, poder-se-iam acrescentar a estes três sucedâneos do Espírito (a Eucaristia, o papa e Maria) outras manifestações mais atuais do Espírito (como a *New Age* e, concretamente, os movimentos pentecostais), mas preferimos deixá-los para mais tarde, pois, mais que sucedâneos, são sinais dos tempos que é preciso discernir.

6. Conclusões

Que conclusões podemos tirar depois deste amplo percurso pela Igreja da cristandade ocidental? Que responder à acusação de "cristomonismo", lançada por teólogos orientais?

Se por "cristomonismo" se entende que unicamente esteve presente na Igreja latina a figura de Cristo e que o Espírito ficou totalmente esquecido, cremos que é uma afirmação que não corresponde à realidade. Contudo, é certo que houve um "cristocentrismo" muito forte, que marginalizou e ofuscou a ação do Espírito.

Certamente, o Espírito não deixou de estar presente na vida e na santidade do povo cristão, que pode apresentar nestes séculos exemplos de exímia santidade, de fé profunda e de amor ao próximo, assim como o testemunho de catedrais e de sumas teológicas, de grandes missionários e místicos. O Espírito não precisa da permissão, nem da hierarquia, nem dos teólogos para agir livremente na Igreja e na história da humanidade.

---

[29] A exortação apostólica de Paulo VI, *Marialis cultus*, 1974, 26-27, expressa bem esta relação entre Maria e o Espírito. Cf. L. BOFF, *O Espírito Santo. Fogo interior, doador de vida e Pai dos pobres*, Vozes, Petrópolis 2013.

Nesse sentido, a postura do livro póstumo de J. Comblin, que radicaliza e opõe extremamente a relação entre o movimento espiritual que vem de Jesus e a estrutura religiosa e eclesial, não nos parece teologicamente correta, embora reconheçamos que sempre há tensão entre carisma e instituição, como vimos.

No entanto, devemos distinguir a presença e a tematização do *Pneuma* segundo os diferentes setores eclesiais.

A hierarquia eclesial desses séculos certamente afirmou a fé no Espírito e reconheceu a presença do Espírito na Igreja, de modo especial como respaldo e confirmação do magistério hierárquico, admitindo também a ação do Espírito em pessoas particulares, singularmente nos místicos. Confirmam-no os belos hinos medievais ao Espírito. Entretanto, a ênfase foi principalmente cristológica, a qual, como afirma Trigo, também debilitou a cristologia teórica e prática ao não refletir sobre o Espírito.

A instituição eclesial, porém, foi muito arredia e, às vezes, totalmente cega para captar a presença do Espírito no que constitui o polo profético da Igreja, e muito menos sensível ainda para apreender esta presença do Espírito fora do âmbito da Igreja Católica e na sociedade civil secular e moderna, na ciência, filosofia, política... A hierarquia sempre se sentiu incomodada diante dos carismas e, concretamente, dos diversos movimentos da vida religiosa, os quais tentou controlar e muitas vezes tardou muito em reconhecer. Dificuldade maior ainda teve em compreender os movimentos populares e revolucionários, tanto europeus quanto dos países americanos. Tampouco foi sensível diante das novas correntes teológicas que desejavam renovar a Igreja, voltando ao Evangelho a partir do momento atual. Dir-se-ia que a hierarquia tem medo da novidade do Espírito e que não é capaz de realizar um sério discernimento de sua presença na história.

A teologia latina acadêmica destes séculos, concretamente a pneumatologia, seguiu a linha agostiniana do Espírito como laço de união entre o Pai e o Filho, e afirmou que o Espírito procede do Pai e do Filho (*Filioque*) como de um único princípio, que as ações da Trindade *ad extra* são comuns a todas as pessoas e que só podem "adequar-se" a cada uma delas, o que desvalorizou muito a pessoa e a função do Espírito.

Onde o Espírito apareceu mais claramente foi no polo profético da Igreja e da sociedade, nos movimentos populares e revolucionários, nos movimentos de reforma da Igreja, nos movimentos espirituais, nos diferentes ciclos da vida religiosa e nas novas correntes teológicas e espirituais. Confirma-se de novo que o Espírito age preferencialmente ao rés do chão, da base social e eclesial, que busca a renovação da Igreja e da sociedade alinhada ao projeto do Reino.

No entanto, essa presença do Espírito na base, ao rés do chão, foi muito pouco tematizada e refletida pela teologia: não se elaborou uma pneumatologia a partir dos pobres.

Esta é uma tarefa que a teologia latino-americana poderia enfrentar a partir de sua experiência da irrupção do Espírito no povo pobre latino-americano.

Toda esta situação foi positiva e profundamente transformada pelo Vaticano II e, em seguida, pela teologia latino-americana. Contudo, antes de tratar destes temas, vejamos qual foi a experiência pneumatológica da Igreja do Oriente cristão.

CAPÍTULO 5
Pneumatologia da Igreja oriental

Não é fácil apresentar uma pneumatologia oriental, em parte por sua grande riqueza e, por outra, porque a tradição oriental é um tanto desconhecida para o mundo latino. Depois do Vaticano II, a teologia católica abriu-se à teologia da Reforma, mas não à teologia oriental.

A mentalidade teológica oriental é a mais próxima das origens da fé cristã. É menos normativa do que a tradição latina, é mais experiencial e mística, menos racional, mais "apofática", mais litúrgica, escatológica e cósmica, com uma forte inspiração na espiritualidade monástica e muito mais trinitária e pneumatológica do que a teologia latina.[1]

Embora já tenhamos refletido antes sobre a época patrística, vamo-nos concentrar agora em alguns autores orientais dos séculos

---

[1] Cf. V. CODINA, *Los caminos del Oriente cristiano. Iniciación a la teología oriental*, Sal Terrae, Santander 1997, 10-30.

Víctor Codina, sj

XX e XXI, particularmente Paul Evdokimov,[2] Vladimir Lossky,[3] Jean Meyendorff,[4] Ignace Hazim,[5] Ionnis D. Zizioulas,[6] Olivier Clément[7] e Boris Bobrinskoy,[8] sem esquecer outros como N. Afanassieff, C. Andronikof, V. Bolotov, S. Bulgakov, N. Nissiotis, P. Florenski, A. Schmemann, D. Stanislaoe, P. Trembelas, K. Ware, Ch. Yannaras etc.[9] A vantagem é que, apesar de seus diferentes pontos de vista, existe em todos eles certa visão convergente e unitária em relação à pneumatologia.

A pergunta que nos faremos, partindo da chave hermenêutica latino-americana, é a de até que ponto a pneumatologia da Igreja oriental conecta-se com a história, com o social e com os pobres.

1. A visão trinitária oriental

Não analisaremos detalhadamente a visão trinitária de cada autor, mas daremos uma visão sintética do conjunto, mesmo com

---

[2]   P. EVDOKIMOV, *L'Orthodoxie*, Delachaux et Niestlé, Neuchâtel 1965; *Présence de l'Esprit Saint dans la tradition orthodoxe*, Cerf, Paris 1977.

[3]   V. LOSSKY, *Essai sur la théologie mystique de l'Église d'Orient*, Aubier-Montaigne, Paris 1944.

[4]   J. MEYENDORFF, *Initiation a la théólogie byzantine: l'histoire et la doctrine*, Cerf, Paris 1975.

[5]   I. HAZIM, *La résurrection et l'homme d'aujourd'hui*, An-Nour, Beyrouth, 1970.

[6]   I. D. ZIZIOULAS, *Comunión y alteridad. Persona e Iglesia*, Sígueme, Salamanca, 2009.

[7]   O. CLÉMENT, *L'Église orthodoxe*, PUF, Paris 1961; id., *Sobre el hombre*, Encuentro, Madrid 1983; id., *Sources. Les mystiques chrétiens des origines. Textes et commentaires*, Stock, Paris, 1992; id., *La révolte de l'Esprit: repères pour la situation spirituelle d'aujourd'hui*, Stock, Paris 1979.

[8]   B. BOBRINSKOY, *El misterio de la Trinidad*, Secretariado Trinitario, Salamanca, 2008.

[9]   Cf. K. Ch. FELMY, *Teología ortodoxa actual*, Sígueme, Salamanca 2002; S. JANERAS, "Introducción a la teología ortodoxa", in A. GONZÁLEZ MONTES, *Las Iglesias orientales*, BAC, Madrid 2000, com ampla bibliografia.

o risco de excessiva simplificação e esquematismo. Embora esta reflexão seja um tanto técnica, é necessária para compreender o papel do Espírito na Igreja oriental.

Desde o estudo clássico de Th. De Régnon,[10] ficou demonstrado com evidência que a concepção teológica da Trindade da Igreja do Oriente difere da do Ocidente. Ambas professam a mesma fé trinitária, baseada nas Escrituras e na tradição patrística e dos primeiros concílios cristológicos; no entanto, a partir principalmente do segundo milênio, um milênio que eles chamam de pneumatológico, surgem diferenças na reflexão trinitária.

Enquanto o Ocidente, especialmente para defender-se do politeísmo ambiental, professa a fé em um só Deus (*le bon Dieu!*), ou seja, na natureza divina comum às três pessoas, para, em seguida, chegar às pessoas, o Oriente parte sempre da monarquia do Pai, princípio último das demais pessoas, para, depois, chegar às outras pessoas e à natureza comum a todas elas. O princípio de unidade é o Pai, não a natureza.[11]

Para o Ocidente, tudo é comum às pessoas, menos as relações de origem e de oposição, e as pessoas são relações subsistentes; enquanto para o Oriente, as diferenças entre as pessoas da Trindade não são apenas relações de origem nem de oposição, mas de diversidade, de reciprocidade, de revelação, de comunhão... As pessoas têm propriedades diferentes; é um mistério inefável, "apofático", que se deve adorar em silêncio.

---

[10] Th. DE RÉGNON, *Études de théologie positive sur la Sainte Trinité*, Retaux, Paris 1892-1898.

[11] Consulte-se o clássico estudo de K. RAHNER, "Theos en el Nuevo Testamento", in *Escritos de teología I*, Taurus, Madrid 1961, 91-167, que confirma biblicamente a afirmação da teologia oriental sobre a monarquia do Pai.

Para o Oriente, o caráter das relações é ternário: não se dá uma pessoa sem as outras duas; enquanto o Ocidente admite relações duais: o Pai gera o Filho, e o Espírito procede do Pai e do Filho, sendo o nexo de união entre ambos.

Tampouco o Oriente admite o princípio ocidental moderno (formulado por Rahner)[12] de que a Trindade para fora (*ad extra* ou Trindade econômica) é equivalente à Trindade para dentro (*ad intra* ou Trindade teológica); ao contrário, para o Oriente, a manifestação da Trindade na história não esgota o mistério último da Trindade.

Para o Ocidente, a ação *ad extra* da Trindade é comum a todas as pessoas. Somente há denominações ou apropriações pessoais; não existem energias divinas incriadas, diferentes para cada pessoa. Para o Oriente, por outro lado, há energias divinas incriadas (*Palamas*) que refletem a "tripersonalidade" e que manifestam a mútua comunhão intratrinitária (a *perichoresis*).

Para o Ocidente, a visão beatífica da essência divina constitui o fim último da humanidade; para o Oriente, esse fim último é a divinização da pessoa, a participação da vida trinitária pelas energias incriadas, pois a essência divina é incomunicável.

Estas diferenças teológicas se manifestam na controvérsia em torno do *Filioque*.

O símbolo do Concílio de Niceia afirmava que o Espírito procede do Pai, sem citar o Filho. Esta é a fé comum ao Ocidente e ao Oriente, e se considera anátema aquele que acrescenta ou tira algo desta profissão de fé.

---

[12] K. RAHNER, "Advertencias sobre el tratado De Trinitate", in *Escritos de teología IV*, Taurus, Madrid 1969, 105-136.

O Concílio III de Toledo, na Espanha, reunido no ano 589, reagindo contra o arianismo que negava a consubstancialidade do Filho com o Pai, e para mostrar a divindade do Filho, condena os que não afirmam que o Espírito procede do Pai e do Filho (*Filioque*). O rei visigodo Recaredo, convertido do arianismo ao catolicismo, ordena que o *Filioque* seja acrescentado ao credo de Niceia. O Concílio IV de Toledo, em 633, aprova-o como argumento útil contra os arianos: se o Espírito procede tanto do Pai como do Filho, é evidente que o Filho é da mesma essência divina que o Pai.

Mais tarde, Carlos Magno converter-se-á em grande difusor do *Filioque*, essencialmente por motivos políticos, para enfrentar os gregos. Apesar da oposição de Roma, o *Filioque* difunde-se na França, Espanha, Itália e Alemanha. Em 1014, quando o imperador germânico Henrique II é coroado pelo Papa Bento VIII, em Roma se introduz pela primeira vez no credo o *Filioque*. Os orientais ficam profundamente escandalizados pelo fato de se ter acrescentado algo ao credo niceno.

Tempos depois, em 1054, o cardeal Humberto de Silva Cândida, delegado do papa, no decreto de excomunhão depositado sobre o altar de Santa Sofia de Constantinopla, censura o Oriente, entre outras coisas, por ter omitido o *Filioque* do credo.

O Oriente rejeita o *Filioque* porque rompe o modo ternário das relações trinitárias e estabelece uma relação dual entre o Pai e o Filho, por um lado, e, por outro, entre o Pai e o Filho como princípio expirador de quem procede o Espírito Santo. A monarquia absoluta do Pai é negada, pois é partilhada com o Filho na processão do Espírito, visto que o Espírito procede do Pai e do Filho como de um só princípio expirador.

O Oriente reconhece que, biblicamente, é Jesus quem derrama o Espírito sobre os apóstolos e, nesse sentido, pode-se dizer que o Espírito é concedido por Cristo, procede de Cristo, por seu meio (*dia, per*), mas afirmam que isto está relacionado à revelação *ad extra*, e não reflete a dimensão trinitária *ad intra*, que não se esgota nas manifestações na economia da salvação *ad extra*.

Não vamos expor aqui toda a história da controvérsia, que se enrijece com o tempo, de modo que V. Lossky chega a dizer que o *Filioque* é um *impedimentum dirimens* que impede a união das duas igrejas; afirmação que é negada por Bolotov, para quem se trata somente de uma opinião teológica, um *theologoumenon*, que não toca o núcleo da fé trinitária comum.

Em um desejo de diálogo ecumênico e conciliatório, Paul Evdokimov propõe que a formulação do *Filioque* se equilibre e complete com a do *Spirituque*, ou seja, que o Filho é gerado pelo Pai e pelo Espírito. Isto fica sugerido na própria economia da salvação, quando se afirma que Jesus nasce por obra do Espírito, que o Espírito desce sobre Cristo na epifania batismal e que o Espírito é quem gera Cristo nos fiéis.[13]

Em síntese, o *Spirituque* significa o seguinte:

> O Pai gera o Filho com a participação do Espírito e expira o Espírito Santo com a participação do Filho, e sua própria "inascibilidade" comporta a participação do Filho e do Espírito, que dão testemunho dela, procedendo dele como de sua fonte única.[14]

---

[13] P. EVDOKIMOV, *Présence de l'Esprit Saint dans la tradition ortohodoxe*, 77-78.
[14] P. EVDOKIMOV, *L'Orthodoxie*, 71.

Esta formulação do *Spirituque*, que não convence Congar,[15] é aceita na prática pelo teólogo católico F. X. Durrwell,[16] para quem o Espírito é como o seio do Pai, de onde amorosamente é gerado o Filho. O Espírito desempenha, assim, uma função quase maternal na geração do Filho, como afirma o Concílio XI de Toledo, em 675.[17]

O que fica claro deste amplo e difícil processo de diálogo entre Ocidente e Oriente é que o Espírito desempenha no Oriente um papel muito decisivo em sua teologia e em sua vida, que o Espírito não é simplesmente o laço de união entre o Pai e o Filho, nem um terceiro termo trinitário, uma espécie de apêndice estéril para a Trindade, mas que é algo fundamental para a vida pessoal e da Igreja, como veremos a seguir. Como afirma Bobrinskoy, que aceita o *Spirituque* de Evdokimov, a Igreja sempre oscilou entre o esquema Pai-Filho-Espírito e o esquema Pai-Espírito-Filho, indo de um ao outro, sem parar, buscando o Espírito na plenitude de Cristo, indo a Cristo mediante a plenitude do Espírito.[18]

2. O Espírito Santo, doador de vida

Como se reflete na vida da Igreja a pneumatologia do Oriente?

O Espírito, de um lado, prepara o caminho do Senhor: fala pelos profetas do Antigo Testamento; precede a encarnação de

---

[15]   Y.-M. CONGAR, *El Espíritu Santo*, 594.

[16]   F. X. DURRWELL, *Nuestro Padre. Dios en su misterio*, Sígueme, Salamanca, 1990, 142.

[17]   *De patris utero, id est, de substantia eius, idem Filius genitus vel natus* (H. DEN-ZINGER; A. SCHÖNMETZER, *Enchiridion symbolorum*, 526).

[18]   B. BOBRINSKOY, *El misterio de la Trinidad*, 87.

Jesus; fá-lo nascer de Maria virgem; desce sobre Jesus no Batismo e, em seguida, em Pentecostes, derrama-se sobre a Igreja nascente para levar a cabo a missão do Filho, o projeto do Pai que é o Reino de Deus. Daí se pode deduzir que a ação santificadora do Espírito precede a todo ato de encarnação do espiritual, onde o espiritual toma corpo. Nesse sentido, pode-se e deve-se falar de uma cristologia e de uma eclesiologia "pneumáticas".

Dada a importância da liturgia na Igreja oriental, podemos ver na "epiclese" ou invocação do Espírito, que é expressão oracional da fé do povo crente, a fonte teológica da afirmação de que o Espírito precede a presença e a ação de Cristo (*lex orandi, lex credendi*).

Na "epiclese", invoca-se o Pai para que envie seu Espírito na Eucaristia e em todos os demais sacramentos. Se, no Ocidente, o ministro dos sacramentos age em nome de Cristo (*in persona Christi*), no Oriente, o ministro age em nome de Cristo e da Igreja (*in persona Christi et in nomine Ecclesiae*).

Isto se reflete na forma deprecativa das formulações sacramentais (por exemplo, "que o Senhor te perdoe") ante a forma nominativa da Igreja ocidental ("eu te absolvo"). Daí que, se a concepção teológica ocidental tridentina situa a consagração das espécies eucarísticas como corpo de Cristo no relato da instituição, o Oriente concede muito maior importância à "epiclese", de modo que toda a oração eucarística, pela invocação ao Espírito, é consecratória, não se concretiza em um momento cronológico do relato. Mais ainda, há uma oração eucarística que não possui o relato da instituição (a de Addai e Mari, do século IV).

Essa visão pneumatológica e "epiclética" elimina toda visão mágica do ministro como homem de poderes sagrados extraordinários e concede maior importância à invocação ao Espírito feita por toda a comunidade.

Isto vale para todos os sacramentos: o Espírito é aquele que nos faz renascer no Batismo, que na Confirmação se derrama sobre o batizado, que realiza a *metabole* eucarística, que possibilita o perdão dos pecados, santifica o Matrimônio como sacramento do amor, consagra com dons e carismas o ministro ordenado, consola e fortalece o enfermo. Toda celebração do culto divino começa com uma invocação ao Espírito:

> Rei celestial, Consolador, Espírito da verdade, que estás em todo lugar e enches o universo, tesouro de bens e doador de vidas, vem habitar em nós, purifica-nos de toda mancha e salva, tu que és bom, nossas almas.[19]

O Espírito é quem nos relaciona com Cristo por dentro, que nos "cristifica", diviniza-nos, salva-nos, cura-nos, sara-nos, vivifica-nos, faz-nos entrar em comunhão com a comunidade trinitária e viver já antecipadamente a vida eterna, a nova terra e o novo céu.

Um dos textos mais conhecidos sobre a ação do Espírito na vida cristã é o de Ignace Hazim, então metropolita ortodoxo de Latakia, e, mais tarde, o patriarca Inácio IV de Antioquia, pronunciado em 1968 na inauguração da Assembleia do Conselho Mundial das Igrejas de Upsala, cujo lema era "Vede que faço novas todas as coisas" (Ap 21,5):

---

[19] K. Ch. FELMY, *Teología ortodoxa actual*, 158.

Como o acontecimento pascal, realizado uma vez por todas, vem a nós hoje? Por meio daquele que é o artífice desde a origem e na plenitude do tempo, o Espírito. Ele é a Presença do Deus conosco "junto a nosso espírito" (Rm 8,16).

Sem ele, Deus está longe; Cristo permanece no passado; o Evangelho é letra morta; a Igreja, uma simples organização; a autoridade, um domínio; a missão, uma propaganda; o culto, uma evocação; o agir cristão, uma moral de escravos.

Contudo, nele, e em uma sinergia indissociável, o cosmo é sustentado e geme no parto do reino; o homem está em luta contra a carne; Cristo Ressuscitado está aqui; o Evangelho é fonte de vida; a Igreja significa a comunhão trinitária; a autoridade é um serviço libertador; a missão é Pentecostes; a liturgia é memorial e antecipação; o agir humano é divinizado.[20]

O Espírito, segunda missão do Pai depois da encarnação do Filho, é quem leva a bom termo a missão de Cristo. A Igreja fundamenta-se na Eucaristia e em Pentecostes. A Igreja é um perpétuo Pentecostes. Pentecostes respeita a individualidade e as diferenças de cada pessoa, evitando uma uniformidade societária. Todos formamos o único corpo de Cristo, mas cada um recebe diferentes carismas do Espírito para o bem de todo o corpo. A Igreja não é o prolongamento da encarnação, mas um acontecimento "pneumático" e pentecostal, com a novidade sempre imprevisível do Espírito santificador e vivificador. Em Pentecostes, começa a história da Igreja, inaugura-se a parusia, antecipa-se o Reino. Existe na tradição patrística oriental certa identificação entre o Reino e

---

[20] I. HAZIM, *La résurrection et l'homme d'aujourd'hui*, 31, reproduzido em *Irénikon*, 42 (1968), 344-359.

O Espírito, de modo que, às vezes, no Pai-Nosso, substitui-se o "venha a nós o vosso Reino" pelo "venha a nós o vosso Espírito".[21]

Contudo, se o Espírito precede toda aproximação a Cristo, Cristo é, por sua vez, o doador do Espírito, e a ascensão é como a "epiclese" do Senhor, cujo fruto é Pentecostes. O Espírito é o segundo paráclito ou consolador, aquele que vem depois de Cristo, que é o primeiro paráclito ou consolador. Jesus veio para dar-nos o Espírito, ou, em formulação tradicional patrística, o Filho encarna-se para divinizar-nos, faz-se homem para que nós possamos participar da vida de Deus: o Verbo encarna-se para que possamos receber o Espírito.

E este Espírito Santo é a fonte de santificação. Se o Espírito pode ser simbolizado por imagens cósmicas (vento, água, fogo, óleo, pomba...), os santos são os verdadeiros ícones do Espírito, uma manifestação viva do Espírito na história. Neles já se realiza a divinização da vida cristã. A espiritualidade é a vida segundo o Espírito, com tudo o que supõe de ascese, mas principalmente tudo de contemplação, experiência e dom do Espírito. Simeão, chamado o Novo Teólogo (949-1022), é um exemplo dessa santificação pelo dom do Espírito e, por isso, é chamado "teólogo".[22]

No entanto, sem dúvida, Maria, a totalmente santa, a *Panagia*, é o melhor ícone do Espírito, o *Panagion*, um ícone que simboliza, ao mesmo tempo, a encarnação, a ternura maternal de Deus, a Igreja e o Espírito. Maria, segundo João Damasceno, contém toda

---

[21] EVAGRIO PONTICO, *Tratado de la oración*, 58; SAN GREGORIO DE NISA, *De oratione dominica*, PG 44, 1157; MÁXIMO CONFESSOR, *Expositio orationis dominicae*, PG 884,B.

[22] Y.-M. CONGAR, *El Espíritu Santo*, 121-131.

a história da economia divina,[23] como já vimos antes, ao falar dos sucedâneos ocidentais do Espírito.

Para o Oriente, a simbolização do Espírito nos santos tem sua expressão sensível e gráfica nos ícones, que não são simples retratos realistas de Cristo, de Maria ou dos santos, mas são como que sacramentos da presença do Espírito na vida da Igreja, janelas abertas para a transcendência, algo que devemos contemplar em silêncio, para o que não somente olhamos mas que nos olham... Convidam-nos a transcender o símbolo e a comungar com a hipóstase; introduz-nos na experiência última de Deus e do Espírito. Suas figuras estilizam-se, alargam-se para simbolizar a transcendência e a espiritualidade.

A iconografia oriental, expressão de uma espiritualidade simbólica, sacramental e litúrgica, introduz-nos no tema da relação entre Espírito e beleza: não a beleza carnal, realista, mundana, mas a beleza escatológica e espiritual; a beleza que, segundo a tradição oriental, salvará o mundo; uma beleza que passa pela cruz e pela ressurreição. É uma beleza que antecipa a beleza escatológica da Jerusalém celestial, a Beleza de Deus, que supera e transcende a nostalgia da arte humana, o realismo das imagens de um São Sebastião desnudo ou do Cristo apolíneo de Velázquez, que são imagens de uma beleza invernal, da beleza do baixo império planetário.[24]

Por isso, os pintores de ícones, antes de trabalhar, submetem-se a uma ascese de oração e de jejum para purificar seus olhos e, antes de tudo, devem pintar a transfiguração do Senhor, para,

---

[23] SÃO JOÃO DAMASCENO, *De fide orthodoxa III*, 12m, PG 94, 1029 C.

[24] O. CLÉMENT, *Sobre el hombre*, 210-241.

em seguida, com a luz "tabórica" da transfiguração, representar as outras imagens do Senhor, de Maria e dos santos.

O protótipo de ícone é o da Trindade de Rublev, representada simbolicamente através dos três visitantes de Abraão na teofania de Mambré (Gn 18). O Espírito está representado pelo anjo da direita, que se inclina para o Pai em atitude reverente e maternal, inclusive feminina, dinâmica e fecundante. Dele parte todo o movimento harmônico e circular que une as três figuras em unidade e comunhão; sua cor verde significa vida e a rocha que está por trás simboliza o cosmo, que ele vivifica.

A pergunta agora é: que relação tem esta pneumatologia oriental, tão sensível à liturgia, à escatologia, aos ícones e à beleza, com o mundo histórico e real, cheio de pobreza, marginalização e morte?

3. A transfiguração da história e do cosmo

Se a tentação do Ocidente é uma história sem escatologia (não somente secularização, mas secularismo, agnosticismo, ateísmo...), um reino sem Deus, a tentação do Oriente é uma escatologia sem história: a parusia, a luz "tabórica", a Jerusalém celestial, a beleza, a liturgia como comunhão com os santos e com a liturgia celeste, uma espiritualidade da Páscoa sem noites escuras etc. têm o risco de alienação dos problemas reais.

No entanto, nem o Ocidente se esqueceu totalmente da escatologia nem tampouco o Oriente olvidou a história. Ao contrário, até mesmo o Oriente se viu muitas vezes atormentado pelo problema do mal, pelo sofrimento dos inocentes e das crianças (como Iván Karamazov, que quer devolver o bilhete da vida ao ver uma criança

Víctor Codina, sj

chorando...). No fundo, o Oriente é muito sensível ao mal, ao pecado, à morte, ao que poderíamos chamar de desfiguração da humanidade, da história e do cosmo. Se fala de ressurreição, é como contraste à experiência de morte; se fala de luz "tabórica", é porque muitas vezes se vê envolto na noite escura da pobreza e da guerra.

Adrés Rublev pintou o ícone da Trindade como antídoto e contraponto espiritual para um povo que havia sofrido a invasão dos tártaros, os quais destruíram e queimaram a capela da Trindade. Em lugar de pintar cenas de guerra ou do Juízo Final, representa a Trindade como imagem de comunhão, esperança e consolo.

O Oriente é muito sensível à dimensão diabólica do pecado; pecado que desintegra a pessoa humana, como uma enfermidade ontológica que conduz à morte da pessoa e do cosmo, algo que abre as portas ao inferno.

Segundo a antropologia teológica oriental, o que herdamos de Adão (cf. Rm 5,12) não é simplesmente uma herança quase biológica de culpa (de acordo com a visão agostiniana), que atualizamos com nossa liberdade pessoal (segundo a visão teológica moderna, "Adão sou eu"); para o Oriente, o que herdamos não é nem culpa nem castigo, mas a mortalidade, a corrupção, a morte, ou seja, uma situação de debilidade ontológica e estrutural: a mortalidade não somente física mas integral, da qual somente Cristo Ressuscitado nos salva.[25] Por isso, a salvação é vista como cura, sanidade, saúde integral, que nos vem do Ressuscitado mediante o Espírito que é vivificador, doador de vida plena.

---

[25] Pode-se ver uma explicação mais ampla em V. CODINA, *Los caminos del Oriente cristiano*, 51-59.

Ante essa deformação ontológica mortal, essa desfiguração humana e histórica, o Oriente afirma uma escatologia do Reino, mas, ao mesmo tempo, a exigência de um exorcismo e, principalmente, de uma transfiguração da criação e da história, pela força dinâmica e vivificante do Espírito.[26]

Ora, essa transfiguração, que tem como inspiração a transfiguração de Jesus, certamente é uma antecipação da Páscoa que os olhos dos discípulos podem contemplar, mas não eliminar o mistério da cruz e da descida de Jesus aos infernos. Somente por ter descido ao mais profundo do mal e da morte do mundo é que Jesus pode salvar a humanidade. Somente se salva o que se assume:

> Estive morto, mas eis que estou vivo pelos séculos dos séculos, e tenho as chaves da Morte e do Hades (Ap 1,18).

O ícone da ressurreição mostra Jesus que desce aos infernos e, cheio da luz gloriosa, tira dali Adão e Eva.

Traduzido para nosso tema, somente descendo aos infernos de nosso mundo se pode chegar a transfigurá-lo pelo dinamismo vivificante do Espírito do Ressuscitado. A transfiguração pessoal, social e cósmica supõe um exorcismo, uma purificação e morte de todo pecado, para ressuscitar para uma vida nova transfigurada.

Se a teologia oriental sempre foi sensível em não separar o sacramento do altar do sacramento do irmão, e a cristologia oriental esteve aberta ao mistério do Cristo pobre, o Irmão humilde dos

---

[26] Pode-se ver V. CODINA, "Paul Evdokimov, una teología de la transfiguración", en *Teología y experiencia espiritual*, Sal Terrae, Santander 1977, 143-196.

humilhados que está sempre com os pobres, os enfermos e os que sofrem, na época moderna essa sensibilidade se aguçou por motivos históricos, concretamente por causa da revolução comunista.

De modo especial, os teólogos russos veem o comunismo como uma reação contra uma Igreja e uma teologia que viviam na sociedade dos anjos e na contemplação litúrgica do céu, mas que se esqueciam dos problemas reais do povo pobre, miserável e explorado pelos proprietários de terras, pelos senhores feudais e pela nobreza, que viviam ao estilo europeu. O socialismo russo nasceu da parte do Evangelho que a Igreja não havia assumido. O socialismo não se encontrou com um cristianismo vigoroso, mas com certo pietismo e individualismo; por isso, buscou no marxismo um apoio para recuperar as dimensões de justiça, solidariedade e igualdade de todos os seres humanos.

Também Berdiaev vê no comunismo russo uma escatologia secular e ateia, como reação a determinado tipo de escatologia ortodoxa, excessivamente espiritualista. As atrocidades do totalitarismo da revolução russa e seus campos de extermínio, o arquipélago Gulag, descrito pateticamente pelo prêmio Nobel russo Alexander Solzhenitsyn, o próprio exílio em países do Ocidente, que muitos teólogos tiveram de padecer em sua própria carne, provocaram uma rejeição unânime do marxismo e do comunismo russo, tanto por suas fontes ateias quanto por suas brutais e trágicas consequências.

Somente mais tarde, com o tempo e em clima de maior serenidade, os espíritos mais lúcidos (Berdiaev, Evdokimov, Solzhenitsyn, Bulgakov...) reconheceram que o comunismo era um chamado à integração entre fé e justiça, à unidade forte entre o sacramento do altar e o sacramento do irmão, principalmente do pobre. O comunismo fez uma crítica válida ao capitalismo, à especulação, ao lucro, à avareza do dinheiro. Era necessário elaborar uma utopia do Reino diferentemente do capitalismo.

Mais ainda, alguns, como Evdokimov, veem o comunismo como um apocalipse intra-histórico, um momento onde aparece o juízo de Deus e um chamado à conversão. Este apocalipse intra-histórico, que também Evdokimov vê presente em meio ao caos do maio de 1968 dos estudantes de Paris, seria, em termos católicos, o equivalente aos sinais dos tempos do Vaticano II, ou seja, uma irrupção profética do Espírito que denuncia e condena tudo o que há de injustiça e pecado, e propõe uma nova utopia mais próxima do Reino.

Para Berdiaev, o comunismo russo seria um apocalipse messiânico, secular e ateu, inclusive com um sentido "religioso", com rigidez, dogmatismo, absolutismo, misticismo, espírito totalizante, missionário e nacionalista, com um messianismo milenarista muito próprio da alma russa, que tende ao absoluto, seja niilista, seja religioso. Por isso, o comunismo russo não podia aceitar nenhuma outra religião, pois ele era a única válida. Os desfiles militares na Praça Vermelha de Moscou, com a ostentação de seus mísseis, equivaliam às procissões do *Corpus* católicas, que levavam para lá e para cá a custódia...

Junto a seu ateísmo, despotismo, crueldade brutal com as pessoas, absolutismo de Estado etc., o comunismo russo defendia maior justiça e comunhão de bens; havia uma ânsia sincera de uma nova forma de configuração da sociedade. Em meio a tanta cizânia, havia uma semente de trigo evangélico que o Espírito havia plantado.

Dado este pressuposto, compreende-se que transfigurar a história e o cosmo não é tarefa fácil, por mais ambiciosa que seja.

Trata-se de transfigurar a cultura, que é a matriz do sentido e significado da vida, que inclui humanismo, filosofia, técnica, biologia, física, arte etc. O ser humano é como o "liturgo" da criação, que, como os pintores de ícones, deve plasmar na cultura o ícone do Reino, pela força purificadora e transformadora do Espírito:

> Os sóis de Van Gogh, a nostalgia das Vênus de Botticelli e a tristeza de suas "Madonnas" encontrarão sua serena plenitude quando a sede dos dois mundos um dia for extinta.[27]

Trata-se de transfigurar a economia, assumindo os desafios que o marxismo apresentou. Para o Oriente, na expressão de Fedorov, seu programa social é a Trindade, e para Berdiaev, a falta de pão é para o próximo um problema material, mas para mim é um problema espiritual.

Toda a rica teologia patrística sobre o destino universal dos bens, com sua convicção de que, em caso de necessidade, todas as coisas são comuns, é assumida pela teologia oriental moderna, com as atualizações necessárias. A Trindade continua sendo modelo e inspiração de comunhão na diversidade, na relação mútua de amor. Não em vão, Rublev pintou o ícone da Trindade para um povo convulsionado pela guerra e pela morte.

É questão de transfigurar também o poder e a política. A postura clássica oriental, que defendia como ideal a união de Estado e Igreja, que desde Constantino havia prevalecido em Bizâncio e na

---

[27] P. EVDOKIMOV, *L'Orthodoxie*, 136.

Rússia, em uma espécie de "diarquia" e "sinfonia", é criticada pela teologia atual, que vê nesta união um risco de "cesaropapismo", e propõe uma clara separação entre Igreja e Estado, coisa difícil e muitas vezes ainda pouco realizada.

É preciso transfigurar a terra, o cosmo, evitando a lógica do consumo mercantilista, substituindo-a pela lógica da comunhão: tornar o Reino acessível às moléculas (Fedorov); que a sexualidade antecipe os sexos chamejantes como flores da nova terra (Rozanov); fazer do mundo uma sarça ardente (Charalambadis); fazer Eucaristia de todas as coisas e antecipar a festa final, onde haverá vinho novo e abundante para todos (Clément).

A matriz dessa transfiguração é a Igreja e, dentro dela, a Eucaristia (Afanassieff), que, na transformação (*metabole*) do pão e do vinho no corpo e sangue do Senhor, antecipa esta terra nova e estes céus novos escatológicos, que já devemos começar a realizar, pela invocação ("epiclese") do Espírito, Senhor e doador de vida.

Aqui existem ressonâncias para a teologia e para o povo latino-americano; se este tivesse sido evangelizado por missionários da Igreja oriental, seguramente a mensagem cristã teria tido maior recepção.[28]

4. Algumas consequências

É evidente que a Igreja e a teologia do Oriente foram muito mais sensíveis ao tema do Espírito do que a Igreja e a teologia latinas. Essa maior sensibilidade, que radica em uma diferente

---

[28] Cf. V. CODINA, "Teología de la liberación y teología oriental", in *Parábolas de la mina y el lago*, Sígueme, Salamanca 1990, 149-184.

visão trinitária, manifesta-se em toda a teologia: antropologia, cristologia, eclesiologia, teologia sacramental, espiritualidade, escatologia etc.

Contudo, as consequências dessa pneumatologia que se manifestaram nos níveis pessoais e eclesiais muitas vezes ficaram mais ligadas à liturgia do que à história. O comunismo russo seria uma crítica secular, ateia, materialista, violenta e brutal a esta pouca sensibilidade história para com a justiça.

Os teólogos orientais, principalmente os russos, constataram-no, viram nele um sinal apocalíptico que leva à conversão e tentaram reagir elaborando uma teologia da transfiguração, que busca transformar todas as realidades criadas, a cultura, a economia, o poder, o próprio cosmo pela força do Espírito; um Espírito que se deve pedir "epicleticamente" ao Pai, que é o Espírito que pousou sobre Jesus, o Espírito que guiou a vida de Jesus e realiza o Reino.

Nesse sentido, embora ainda não tenham tirado todas as consequências desta leitura teológica e espiritual dos sinais dos tempos, oferecem-nos elementos válidos para desenvolver mais estas premissas pneumatológicas e trinitárias.

Dizer que seu programa social é a Trindade (Fedorov) pode fazer rir a políticos e economistas, mas, no fundo, oferece-nos a última inspiração e chave de leitura da ação social e da presença cristã na história: a dimensão de comunhão, solidariedade, participação, igualdade, inclusão e não exclusão, que se fundamenta na filiação e na fraternidade que nascem do Pai, em Cristo, pelo Espírito.

Talvez o tema cósmico seja o que a teologia oriental do Espírito mais desenvolveu, certamente a partir da própria *metabole* eucarística que antecipa os novos céus e a nova terra, a transfiguração do cosmo. Aqui se incluiria uma visão holística e ecológica de toda a criação, assim como uma visão mais positiva do corpo e da sexualidade, da mulher e do matrimônio, da beleza e do simbólico, da festa e dos ícones.

Essa maior sensibilidade cósmica encontraria, sem dúvida, bastante eco na mentalidade originária tradicional latino-americana, que viveu sempre esses valores de harmonia com a natureza, de sensibilidade simbólica e festiva, de uma espiritualidade bem encarnada no cósmico.

Em todo caso, embora a pneumatologia oriental não tenha deduzido todas as consequências históricas e sociais de seus princípios teológicos, pode oferecer à teologia e à Igreja latino-americanas ricas intuições para elaborar uma pneumatologia a partir da base, dos pobres. Mais ainda, como veremos a seguir, a pneumatologia oriental pode enriquecer e complementar muitos elementos da teologia latino-americana da libertação.

CAPÍTULO 6

A pneumatologia em torno do Vaticano II

No capítulo I vimos a importância decisiva do Vaticano II diante da compreensão de tudo quanto aconteceu na Igreja na América Latina, desde Medellín até o final da década de 1980. Vimos a pouca influência que teve nos textos conciliares o tema da pobreza e dos pobres, assim como o papel pouco ativo da "maioria silenciosa" dos bispos latino-americanos no desenvolvimento do concílio, excetuando-se uma minoria profética de bispos latino-americanos que, com bispos de outros continentes, proclamaram o Pacto das Catacumbas de Santa Domitila.

Agora, queremos aproximar-nos do concílio como evento "pneumático" e ver qual foi o desenvolvimento da pneumatologia nos documentos conciliares e na teologia pós-conciliar. Isto nos ajudará a compreender e a avaliar mais a irrupção vulcânica do Espírito na América Latina a partir de Medellín.

1. Os movimentos precursores do concílio

O Concílio Vaticano II (1962-1965) é inconcebível sem que se não leve em conta uma série de movimentos teológicos que, desde meados do século XX, floresceram na Igreja e fecundaram o terreno para o futuro concílio.[1]

Esses movimentos, que surgiram em sua maioria na Europa Central, revelaram-se novos e desconhecidos para a maioria dos bispos latino-americanos que participaram do concílio, o que explica em grande parte seu silêncio e desconcerto. Não conheciam a nova teologia europeia, tampouco estavam conscientes da gravidade da situação de seus países e de como isto podia converter-se em lugar teológico novo e privilegiado para a Igreja.

Esses movimentos teológicos e pastorais não surgiram da hierarquia, mas da base eclesial, de teólogos profissionais, mas também de leigos, de pensadores e pessoas atuantes que estavam em contato constante com a realidade. Alguns deles haviam sido vítimas da guerra e de campos de concentração; estavam em diálogo com cristãos de outras confissões e com judeus, com filósofos, sociólogos, pensadores humanistas e científicos, em estreita relação com operários e com setores de pastoral críticos diante da realidade eclesial.

O movimento bíblico começou uma leitura da Escritura com os métodos histórico-críticos, sem limitar-se a estudos filológicos ou arqueológicos, mas desentranhando o sentido teológico da mensagem cristã, com uma exegese que não se limitava ao sentido literal do texto, nem se reduzia ao sentido simbólico e alegórico.

---

[1] Como a bibliografia é imensa, remetemos à obra clássica de R. AUBERT, *La théologie catholique au milieu du XXe. siècle, Casterman*, Tournai 1954.

A Escola Bíblica de Jerusalém, com M. J. Lagrange, o Pontifício Instituto Bíblico de Roma, a *Bíblia de Jerusalém*, o *Vocabulário de teologia bíblica* de X. Leon-Dufour etc. podem servir de exemplo deste movimento.

O movimento patrístico redescobre a importância dos Padres da Igreja, tanto latina como oriental, para a teologia e para a vida cristã. Publicam-se traduções dos escritos dos Santos Padres e se redescobre sua grande riqueza espiritual e pastoral. J. Daniélou e H. de Lubac podem ser símbolo deste esforço de estudo e de renovação patrística.

O movimento litúrgico nasce muito ligado a mosteiros e a teólogos beneditinos (L. Bauduin, O. Casel), mas também a paróquias renovadoras (belgas e francesas) que buscam uma renovação da dimensão sacramental da Igreja e uma participação ativa dos fiéis na celebração do mistério pascal.

O movimento ecumênico, surgido de fora da Igreja Católica, mas ao qual se incorporam católicos (Couturier, Congar...), busca a união e a reconciliação de todos os cristãos.

O movimento de renovação pastoral, tanto laical como juvenil, está ligado à Ação Católica e se vê enriquecido por uma nova teologia do laicato (Y.-M. Congar, O. Semmelroth...)

Especialmente significativo é todo o movimento centrado no social, no mundo operário, nos pobres e na pobreza, com: a experiência dos sacerdotes operários; o surgimento da JOC (Juventude Operária Católica), com seu método de revisão de vida (ver, julgar, agir) sob o impulso de Cardijn; o Movimento Emaús, cujos membros catam lixo a serviço dos pobres (Abbé Pierre); a espiritualidade de Nazaré, ligada a Charles de Foucauld e a R. Voillaume; o movimento sacerdotal do Prado, de A. Chévrier, com d. Ancel, que trabalha como operário; P. Gauthier e o argentino E. Dussel, que trabalham como carpinteiros em Nazaré; os estudos bíblicos de Gelin e Dupont sobre as bem-aventuranças e a importância da pobreza na Bíblia etc.

Em muitos casos, estes movimentos teológicos foram vistos com suspeita pela hierarquia, e alguns de seus representantes acabaram até mesmo sendo desqualificados e condenados. Participaram da sorte dos profetas de todos os tempos.

O Papa Pio XII, que havia sido sensível a uma eclesiologia não meramente "juridicista", mas do corpo místico de Cristo (*Mystici corporis*, 1943), que havia alentado a renovação bíblica (*Divino afflante Spiritu*, 1945) e a litúrgica (*Mediator Dei*, 1947), mais tarde assume, na encíclica *Humani generis* (1950), uma postura muito crítica ante a renovação teológica da chamada *Nouvelle Théologie* e destitui de suas cátedras alguns de seus representantes, como H. de Lubac, J. Daniélou, Y.-M. Congar, M.-D. Chenu, enquanto caem sob suspeita teólogos como K. Rahner, E. Schillebeeckx etc. Estes teólogos, que sofreram com paciência e espírito de fé, obediência e amor à Igreja sua marginalização teológica e eclesial,[2] serão em seguida os grandes teólogos do Vaticano II.

À luz da história, podemos afirmar que estes movimentos foram, sem dúvida, fruto do Espírito Santo, que constantemente renova a Igreja a partir da base.

---

[2] Y.-M. Congar, em carta à sua mãe, do seu exílio em Cambridge, relata seu sofrimento ao ver-se privado da cátedra, de poder publicar, de assistir a reuniões ecumênicas e sociais etc. (*Diario de um teólogo*, 1946-1956, Trotta, Madrid 2004, 473). H. DE LUBAC, de sua exclusão como professor, escreve sua magnífica *Méditation sur l'Église*, Aubier-Montaigne, Paris 1953.

2. Houve um homem enviado por Deus, chamado João

Todos estes movimentos, suscitados pelo Espírito a partir da base da Igreja, não se teriam cristalizado sem a presença de outro homem, suscitado também pelo Espírito: João XXIII.[3]

O que certo analista chamou de "o mistério Roncalli", pode-se esclarecer recordando a biografia do futuro João XXIII. Angelo Giuseppe Roncalli, nascido em 1881 no povoadinho italiano de Sotto il Monte, de uma família de camponeses, pobre e muito cristã, nunca se envergonhou de suas raízes e sempre conservou a simplicidade e a sabedoria da gente do campo.

Estudou História da Igreja, especialmente nas épocas de Gregório Magno e de Carlos Borromeu, reformador tridentino de Milão (e de Bérgamo), o qual o ajudou a ter uma visão histórica e dinâmica da Igreja. Na Primeira Guerra Mundial, atuou como capelão, atendendo os soldados feridos que se recuperavam no hospital militar. Foi secretário do bispo progressista de Bérgamo, Radini-Tedeschi, e, depois de alguns anos de docência no seminário de Bérgamo, foi injustamente acusado de modernismo, fato que faria compreender mais tarde a situação dos teólogos expulsos de suas cátedras por Pio XII.

Nomeado delegado apostólico na Bulgária e, depois, na Turquia e na Grécia, nações de tradição cristã ortodoxa, viveu e

---

[3] É imensa a bibliografia sobre João XXIII, mas gostaria de citar especialmente o livro de G. C. ZIZOLA, *La utopía del Papa Juan*, Sígueme, Salamanca, 1975. Cf. também V. CODINA, Hace 50 años hubo un concilio, *Cuadernos de Cristianisme i Justícia* 182, Barcelona 2012.

sofreu a tragédia da divisão da Igreja e valorizou a importância do ecumenismo: ele sempre enfatizará mais o que une do que o que divide. Durante a Segunda Guerra Mundial, ajudou na evacuação da população judaica perseguida e às famílias dos prisioneiros de guerra.

Sua estada posterior como núncio em Paris (1944-1952) o abriu à modernidade: eram os anos de Teilhard de Chardin, dos sacerdotes operários, da renovação teológica francesa (a *Nouvelle Théologie*) e dos desafios pastorais atinentes à "França, país de missão". Finalmente, alguns anos como arcebispo de Veneza (1953-1958) fizeram-no compreender quão difícil era proclamar o Evangelho na sociedade moderna.

Quando da morte de Pio XII, em 1958, Roncalli é eleito como um papa de transição, pois ninguém acreditava que fosse fácil superar o pontificado da figura nobre, culta e, em muitos aspectos, extraordinária do Papa Eugenio Pacelli.

Roncalli representava outro estilo humano e eclesial: um papa camponês, baixo e gorducho, bonachão e perspicaz, que começou por dar uma piscadela histórica ao assumir o nome de João XXIII, um antipapa deposto pelo Concílio de Constança. Aos seus 77 anos de idade, surpreendeu todo o mundo ao convocar, em 1959, um concílio ecumênico que devia completar o que o Vaticano I (1870) havia deixado inacabado, mas que não devia ser mera continuação do Vaticano I, mas um novo concílio, o Vaticano II. Ele mesmo reconheceu que esta ideia "brotou-lhe do coração e aflorou a seus lábios como uma graça de Deus, como uma luz do alto, com suavidade no coração e nos olhos, com grande fervor".

Muitos eclesiásticos ficaram atônitos; julgaram que o papa era ingênuo, precipitado, impulsivo, inconsciente das dificuldades que deveria enfrentar na própria cúria romana, ou que talvez estivesse caducando. O próprio Montini afirmava que o bom velho, ingenuamente, havia colocado a mão em um vespeiro... No entanto, a ideia do concílio despertou grande entusiasmo em todos os movimentos eclesiais e teológicos da época, teve grande impacto ecumênico e suscitou em todo o mundo cristão uma grande esperança. Na realidade, João XXIII não continuou a trajetória de Pio XII, cume da Igreja de cristandade, mas mudou o modelo eclesial: uma Igreja que voltava às fontes da fé e respondia aos sinais dos tempos.

O papa buscava o *aggiornamento* da Igreja, palavra típica de Roncalli, que significava: atualização da Igreja, diálogo com o mundo moderno, inculturação nas novas culturas, volta às fontes vivas da tradição cristã, renovação doutrinal e pastoral, salto para frente, incremento da fé, renovação dos costumes do povo cristão, atualização da disciplina eclesiástica. Como o papa o expressou a um bispo africano, tratava-se de abrir a janela para que um vento fresco entrasse na Igreja e sacudisse o pó acumulado durante séculos.

Pouco a pouco se foram concretizando mais os fins do concílio: diálogo com o mundo moderno, renovação da vida cristã, ecumenismo e, como o papa afirmou em uma alocução um mês antes da inauguração do Vaticano II (11 de setembro de 1962), o desejo de que a Igreja, embora esteja aberta a todos, seja de modo particular a Igreja dos pobres.

Surpresa ainda maior provocou o discurso inaugural do concílio, no dia 11 de outubro de 1962. A Igreja, disse João XXIII, não quer condenar ninguém, preferindo usar a compaixão e a misericórdia; deseja abrir-se ao mundo moderno e a todos os cristãos, oferecendo-lhes a mensagem renovada do Evangelho. Ante os "profetas de calamidades", João XXIII professa um otimismo esperançoso, baseado na ação de Deus na história. Também distingue o conteúdo essencial da fé das adaptações às novas circunstâncias do tempo e da cultura.

Este discurso, segundo o historiador G. Alberigo, constitui o ato mais relevante do pontificado de Roncalli e um dos mais desafiadores da Igreja na idade moderna. É, como queria o papa, um salto para frente.

Quando, na noite daquele histórico dia, o papa – cansado da longa cerimônia de inauguração – assomou à Praça de São Pedro, iluminada e repleta de gente, elogiou a lua cheia que brilhava, saudou a todos e pediu aos pais de família que, ao chegar aos seus lares, acariciassem seus filhos da parte do papa. Algo estava mudando na Igreja... As "florzinhas" do Papa João refletem este novo estilo.

Contudo, todo este sonho pareceu desabar quando, ao término da primeira sessão do concílio, os rumores da enfermidade do papa se difundiram por toda parte. A morte serena e crente de João XXIII, no dia 3 de junho de 1963, impactou não somente a Igreja mas todo o mundo. Ficava flutuando no ar a interrogação sobre o futuro do Vaticano II.

João XXIII, sem dúvida enviado pelo Espírito, era um homem da base social e eclesial, suspeito de modernismo, distanciado durante anos de Roma e não muito bem-visto nos ambientes da cúria vaticana; um homem próximo ao povo simples, lúcido diante dos problemas da Igreja, desejoso de uma profunda mudança nela, convencido de que o Espírito do Senhor guia não somente a Igreja, mas a história da humanidade. Daí seu otimismo radical, que nascia de uma profunda esperança cristã.

O novo Papa Paulo VI, cardeal Giovanni Battista Montini, assegurou a continuidade conciliar. Montini tinha uma disposição muito diferente da de João XXIII: menos carismático, menos intuitivo, homem da cúria vaticana, intelectual, bom conhecedor da teologia, principalmente francesa, dubitativo – chamavam-no de Hamlet –, que buscava antes de tudo o bem e a unidade da Igreja e levou o concílio a bom termo, mas no pós-concílio sofreu muito e chegou a dizer que o diabo havia entrado na Igreja...

3. A pneumatologia dos documentos conciliares

Já vimos que o Vaticano II foi um evento pentecostal, preludiado pelos movimentos renovadores que o precederam, convocado por uma inspiração do Espírito por parte daquele homem providencial chamado João XXIII, e que se desenvolveu em clima de profunda renovação espiritual para o bem de toda a Igreja.

Contudo, podemos perguntar-nos se em seus documentos se formula explicitamente uma nova pneumatologia. Resulta significativo que os "observadores" protestantes, anglicanos e principalmente ortodoxos censuram frequentemente a falta de pneumatologia nos documentos conciliares.[4] Tampouco os comentaristas do Vaticano II

---

4   Y.-M. CONGAR, *El Espíritu Santo*, 195s.

costumam desenvolver diretamente o tema pneumatológico.[5] O Cardeal Suenens afirmava claramente que faltava ao Vaticano II uma pneumatologia. E o texto de Paulo VI, que citamos no começo do livro, é também prova da carência e da necessidade de trabalhar mais este tema.

Naturalmente se pode dizer que nos documentos conciliares o Espírito é citado 258 vezes, mas esta afirmação numérica é pouco significativa.

No entanto, podemos reunir alguns temas pneumatológicos esparsos ao longo dos documentos e que podem servir-nos de base para tentar esboçar as linhas pneumatológicas do Vaticano II.

É muito positivo o caráter cristológico e trinitário de todo o Vaticano II, dentro do qual se situa o Espírito, que é Espírito de Cristo e faz parte da comunidade trinitária, superando, assim, todo possível "cristomonismo". O texto de Cipriano,[6] com a qual se concluem os números da *Lumen gentium* dedicados à vontade salvífica do Pai, à missão do Filho e à santificação do Espírito, é bem significativo:

> Assim a Igreja toda aparece como "um povo unido pela unidade do Pai e do Filho e do Espírito Santo" (*Lumen gentium*, 4).

Estamos longe de considerar a Igreja como uma encarnação continuada, também longe de um "pneumatocentrismo". O

---

[5]   Citemos a obra clássica de G. BARAÚNA (ed.), *La Iglesia del Vaticano II*, 2 vols., Juan Flors, Barcelona 1967, e a mais atual de S. MADRIGAL, *Unas lecciones sobre el Vaticano II y su legado*, Universidad Comillas-San Pablo, Madrid 2012.

[6]   SÃO CIPRIANO, *De oratione dominica* 23, PL 4, 553, citado na nota 4 de *Lumen gentium* 4.

Espírito faz parte do mistério trinitário *ad intra* e da economia trinitária *ad extra*.

Como consequência, o Espírito vai aparecendo em todo o desenvolvimento conciliar como algo conatural à história da salvação; está presente na Palavra (*Dei Verbum*, 11), nos sacramentos, na introdução da "epiclese" na liturgia eucarística (*Sacrosanctum Concilium*, 21-40), na vocação universal à santidade (*Lumen gentium*, V), na vida religiosa (*Lumen gentium*, 1; 4), na dimensão missionária da Igreja (*Ad gentes*, 4), na liberdade religiosa (*Dignitatis humanae*, 9-15), nos sinais dos tempos (*Gaudium et spes*, 4; 11; 44), na salvação aberta a toda a humanidade (*Gaudium et spes*, 22; *Ad gentes*, 7) etc.

Contudo, para além das afirmações particulares concretas, a pneumatologia do Vaticano II mostra-se principalmente na mudança de modelo e de estilo eclesial que se perfila; um estilo mais próximo das origens e mais sensível e aberto aos desafios de nosso tempo: passa-se de uma Igreja "juridicista" e de sociedade perfeita para uma Igreja mistério de comunhão radicada na Trindade; de uma Igreja triunfalista para uma Igreja que caminha com todo o povo rumo à escatologia e ao Reino; de uma Igreja clerical e discriminadora dos leigos para uma Igreja toda ela povo messiânico e sacerdotal de Deus; de uma Igreja arca de salvação para uma Igreja corresponsável e sinodal; de uma Igreja senhora, mãe e mestra para uma Igreja servidora; de uma Igreja à margem do mundo e contra ele para uma Igreja no mundo e em diálogo com a modernidade; de uma Igreja "fixista" para uma Igreja que reconhece as mudanças da história, da sociedade e dela mesma etc.

Pode-se afirmar, com Congar, que o Vaticano II possui uma verdadeira pneumatologia,[7] mas podemos acrescentar que esta pneumatologia é mais eclesial do que histórica e secular, apesar da menção dos sinais dos tempos na *Gaudium et spes*. No entanto, o que se mostra claro é que esta pneumatologia não se relaciona nem com os pobres nem com a pobreza, nas poucas menções que o Vaticano II faz deste tema (*Lumen gentium*, 8; *Gaudium et spes*, 1).

O mesmo se pode afirmar da encíclica de João Paulo II sobre o Espírito, *Dominum et vivificantem* (1986), na qual apresenta a ação do Espírito como aquele que realiza, na dimensão subjetiva humana, a salvação realizada por Cristo, com alguma referência à ação do Espírito desde a criação e na história, fora do campo da Igreja, visto que o Espírito faz chegar a possibilidade de salvação a todos, por meios que nos são desconhecidos (n. 53, com citação da *Gaudium et spes*, 22). Tampouco existe alusão à ação do Espírito a partir da margem, da base.

Contudo, a euforia e o entusiasmo pós-conciliares duraram pouco. Para alguns autores, já em 1968, começam a aparecer sintomas de retrocesso na encíclica de Paulo VI, *Humanae vitae*, sobre o controle da natalidade, promulgada contra o consenso majoritário de seus assessores. Poderíamos dizer que uma série de motivos diversos (alguns exageros na aplicação do Vaticano II, o movimento conservador liderado por Marcel Lefebvre, o temor de divisões internas na Igreja, o medo da perda de identidade eclesial, o declínio das vocações e os numerosos clérigos que deixaram

---

[7]   Y.-M. CONGAR, *El Espíritu Santo*, 201

o sacerdócio e religiosos que abandonaram a vida consagrada, uma lenta mas crescente diminuição da prática sacramental etc.) provocou, principalmente nos pontificados subsequentes, uma interpretação tímida do Vaticano II e, em muitos casos, um retrocesso em temas como: as conferências episcopais, a colegialidade, os ministérios laicais, a permissão de voltar ao rito litúrgico em latim anterior ao concílio, o freio ao ecumenismo, a centralização eclesial, o poder crescente da cúria romana, as censuras a teólogos, a intervenção em congregações religiosas mais proféticas, a proliferação de movimentos eclesiais de cunho espiritualista e conservador etc.

Teologicamente, passa-se de K. Rahner a H. U. von Balthasar; à revista *Concilium* sucede agora a revista *Communio*; há uma tendência a voltar ao gueto. Inicia-se o que K. Rahner chamou de "inverno eclesial", e a que outros chamam de "a volta à grande disciplina" (J. B. Libânio), "restauração" (G. C. Zizola), "noite escura" (J. I. Gonzalez Faus): a volta a uma nova cristandade.

O conhecido historiador do Vaticano II, G. Alberigo, reconhece que, a maioria que havia ficado de algum modo marginalizada no concílio, hasteia agora as bandeiras da tradição antiprotestante, antiliberal, antimodernista e anticomunista. O espírito conciliar se diluiu e foi refreado em todas as direções: a reforma litúrgica fica mutilada, a eleição dos novos bispos corresponde a critérios mais de segurança do que de renovação, os sínodos episcopais tornaram-se estéreis, a inculturação foi substituída pela nova evangelização, discute-se a liberdade religiosa...[8]

---

[8] G. ALBERIGO (ed.), *Transizione epocale. Studi sul Concilio Vaticano II*, Il Mulino, Bologna 2009.

Esta situação, que se manteve nos pontificados de João Paulo II e de Bento XVI, produz a impressão de que o Espírito de João XXIII e do Vaticano II se foi extinguindo lentamente. Há medo da novidade profética e sempre desconcertante do Espírito, e muitos mais em aceitar que o Espírito aja a partir da base, da periferia...

4. A pneumatologia ocidental pós-conciliar

A teologia e, concretamente, a pneumatologia católica e protestante que surge em torno do Vaticano II são sensíveis à ação do Espírito a partir da base, da margem, dos pobres?

A primeira coisa que se deve afirmar é que um dos frutos positivos do Vaticano II foi o desenvolvimento da pneumatologia em diferentes lugares, partindo muitas vezes das afirmações conciliares. Diante da impossibilidade de fazer uma recensão completa de todos os teólogos e de suas obras, indicaremos apenas alguns dos autores principais e seu enfoque pneumatológico.

Muitos teólogos falaram do Espírito ao expor o terceiro artigo do Credo (H. Küng,[9] J. Vives,[10] B. Sesboüé...).[11] O próprio K. Barth, em 1968, pouco antes de morrer, teve a intuição de que a teologia do futuro teria de desenvolver mais amplamente o terceiro artigo do Credo, coisa que julgava não ter levado suficientemente em conta em sua *Dogmática*.[12]

---

[9] H. KÜNG, *Credo*, Trotta, Madrid 1994.

[10] J. VIVES, *Creer el credo*, Sal Terrae, Santander 1986.

[11] B. SESBOÜÉ, *Creer*, San Pablo, Madrid 2000.

[12] Citação in J. COMBLIN, *O Espírito Santo e a libertação*, 33.

Outros trataram de temas em torno da importância da experiência espiritual, da experiência da graça (K. Rahner, E. Schillebeeckx...), mostrando que é necessário admitir esta experiência como algo possível para todos os cristãos, não somente para uns poucos místicos, e ao mesmo tempo ressaltam a importância da "mistagogia" ou da iniciação a esta experiência do Espírito.[13]

Outros, por sua vez, destacaram a importância do Espírito na cristologia e na eclesiologia, de modo que ambos os temas devem ser tratados "pneumatologicamente", conduzindo, assim, à práxis do seguimento de Jesus na Igreja (J. I. González Faus,[14] J. M. Castillo,[15] J. A. Estrada,[16] H. Küng,[17] W. Kasper,[18] J. Moingt,[19] J. Ratzinger,[20] J. Moltmann...[21]).

---

[13] K. RAHNER, "Espiritualidad antigua y actual", in *Escritos de teología VII*, Taurus, Madrid 1969, 13-35, onde se encontra a célebre frase: "O cristão do futuro ou será um místico ou não será cristão (p. 25). Id., "Sobre la experiencia de la gracia", in *Escritos de Teología III*, Taurus, Madrid 1961, 103-107; id., "No apaguéis el Espíritu", in *Escritos de Teología VII*, Taurus, Madrid 1969, 84-99.

[14] J. I. GONZÁLEZ FAUS, *La humanidad nueva*, Sal Terrae, Santander 2000; id., *Herejías del catolicismo actual*, especialmente 117-126.

[15] J. M. CASTILLO, *El Reino de Dios. Por la vida y la dignidad de los seres humanos*, Desclée de Brouwer, Bilbao 2001³.

[16] J. A. ESTRADA, *La Iglesia: ¿institución o carisma?* Sígueme, Salamanca 1984.

[17] H. KÜNG, *La Iglesia*, Herder, Barcelona 1969.

[18] W. KASPER, *A Igreja católica*, Unisinos, São Leopoldo 2012.

[19] J. MOINGT, *Dieu qui vient à l'homme*, 3 vols., Cerf, Paris 2002, 2005, 2007.

[20] J. RATZINGER, *La Iglesia: una comunidad siempre en camino*, San Pablo, Madrid 2005.

[21] J. MOLTMANN, *La Iglesia, fuerza del Espíritu*, Sígueme, Salamanca 1978.

Contudo, além disso, alguns teólogos (Y.-M. Congar,[22] F. X. Durrwell,[23] H. U. von Balthasar,[24] B. J. Hilberath,[25] H. Mühlen,[26] X. Pikaza[27]...) desenvolveram uma verdadeira pneumatologia sistemática, tratando seus aspectos bíblicos e patrísticos, o desenvolvimento tanto da dimensão *ad extra* do Espírito (a economia) quanto da dimensão *ad intra* (a teologia intratrinitária) e sua mútua relação (K. Rahner), acentuando diversos aspectos segundo os autores: a *kenosis* do Espírito (H. U. von Balthasar), a formação de uma união pessoal mística com o Espírito e a experiência social de Deus (H. Mühlen), seus frutos nas pessoas e na Igreja (Y.-M. Congar, F. X. Durrwell) etc.

No entanto, não creio que seja exagerado afirmar que não existe neles uma abordagem real entre a pneumatologia e os pobres; não aparece uma reflexão séria sobre como o Espírito age a partir da base da Igreja e da sociedade; não há uma clara leitura dos sinais dos tempos como sinais da presença do Espírito na história.

Isto é ainda mais surpreendente porque, em alguns destes teólogos, há uma grande sensibilidade para os pobres e para a pobreza: J. I. González Faus, J. M. Castillo, J. A. Estrada, J. Moltmann...

---

[22]   Y.-M. CONGAR, *El Espíritu Santo.*

[23]   F. X. Durrwell, *L'Esprit Saint de Dieu*, Cerf, Paris 1983; id., *El Espíritu del Padre y del Hijo*, San Pablo, Madrid 1990; id., *El Espíritu Santo en la Iglesia*, Sígueme, Salamanca 1986.

[24]   H. U. VON BALTHASAR, "Le Saint-Esprit, l'inconnu au-delà du Verbe": *Lumière et Vie* 67 (1964), 115-126.

[25]   J. HILBERATH, *Pneumatología*, Herder, Barcelona 1996.

[26]   H. MÜHLEN, *Una mystica persona. Eine Person in vielen Personen*, Schöningh, Paderborn 1964; id., *El Espíritu Santo en la Iglesia*, Secretariado Trinitario, Salamanca 1974.

[27]   X. PIKAZA, *Creo en el Espíritu Santo*, San Pablo, Madrid 2001.

J. B. Metz reflete sobre a importância de fazer memória da paixão das vítimas e se pergunta se é possível fazer teologia depois de Auschwitz, enquanto propõe uma mística de olhos abertos.[28] Também E. Jüngel afirma claramente a humanidade de Deus, um Deus jamais sem nós; afirmação que o teólogo boliviano Manuel Hurtado complementa, dizendo que "Deus não quer ser sem os pobres da terra".[29]

A que se deve esta anomalia de que nem os pneumatólogos sejam muito sensíveis aos pobres, nem os teólogos sensíveis aos pobres conectem suficientemente a pobreza com o Espírito e a pneumatologia?

Podem-se dar muitas respostas: o "cristomonismo" imperante durante séculos no Ocidente, a falta de uma pneumatologia realmente integral etc., mas certamente a razão principal é que, nos países ricos, não se teve a experiência libertadora do Espírito como se teve em regiões pobres e, concretamente, na América Latina, onde, como dissemos no começo, se experimentou uma irrupção ardente do Espírito.

5. Paralelismo mais do que convergência

Talvez pudéssemos resumir esta etapa tão importante e rica dizendo que entre a pneumatologia e os pobres houve mais paralelismo do que convergência.

---

[28] J. B. METZ, *Memoria passionis. Una evocación provocadora en una sociedad pluralista*, Sal Terrae, Santander 2007; id., *Mystik der offenen Augen. Wenn Spiritualität aufbricht*, Herder, Freiburg 2011.

[29] M. HURTADO, *Deus, não sem nós. A humanidade de Deus para pensar Deus e os pobres da terra. Reflexões em Eberhard Jüngel*, Loyola, São Paulo 2013.

Víctor Codina, sj

De um lado, situar-se-iam os trabalhos e experiências em torno do mundo operário de teólogos, principalmente francófonos, a postura clara de João XXIII sobre a Igreja dos pobres, uma teologia pós-conciliar sensível aos pobres, às vítimas da injustiça social e do holocausto etc.

De outro, temos as afirmações sobre o Espírito do Concílio e do próprio João XXIII, o desenvolvimento de temas relacionados com o Espírito por parte de teólogos pós-conciliares e a estruturação de uma pneumatologia sistemática, especialmente graças ao trabalho de Y.-M. Congar.

Contudo, entre ambas as linhas não há nem convergência nem síntese fecunda. É preciso esperar a irrupção do Espírito na América Latina e Medellín para encontrar uma convergência entre ambas as direções.

Ademais, como aconteceu outras vezes, também agora, ante este silêncio da teologia oficial sobre o Espírito e os pobres, neste tempo surgiram, desde a base eclesial e social de diversos lugares e continentes, alguns movimentos que reivindicam fortemente a dimensão do Espírito, como, por exemplo, os movimentos carismáticos e pentecostais, e de algum modo também o movimento da *New Age*, ligado à pós-modernidade. São uma alienação, são simplesmente sucedâneos do Espírito ou são verdadeiros sinais dos tempos?

6. "Pentecostalismo", renovação carismática e *New Age*

Pode parecer surpreendente englobar em um mesmo tópico movimentos espirituais tão diversos como o movimento pentecostal evangélico, a renovação carismática católica e a *New Age*. O comum a todos eles é que, ante um tipo de estrutura religiosa demasiado rígida e racionalista, expressa em dogmas, Escrituras e normas, há uma busca de uma espiritualidade mais experiencial, carismática, mística e entusiasta, mais sensível à corporalidade e à dimensão afetiva, mais aberta ao comunitário, mais popular, mais sensível à espiritualidade do que às estruturas religiosas.

Concretamente, o chamado movimento pentecostal evangélico constitui, segundo J. Comblin, o maior impacto religioso acontecido desde a Reforma do século XVI: é o que mais cresce nas Igrejas, é mais popular, o que se difunde em diversas Igrejas históricas. Na América Latina, os mais pobres entre os pobres acodem não às comunidades de base, nem sequer à renovação carismática católica, mas aos movimentos pentecostais.

Tudo isso surpreendeu os teólogos e pastores, e gerou certa perplexidade, principalmente nos setores mais progressistas. Mais do que considerar estes movimentos como sucedâneos da pneumatologia diante do vazio do Espírito na Igreja oficial, é preciso olhá-los como autênticos sinais dos tempos que, certamente, se devem auscultar e discernir à luz do Evangelho. Que nos dizem à teologia?

6.1 O movimento pentecostal evangélico

Sua origem remonta aos começos do século XX nos Estados Unidos; nasce dentro do movimento de santidade e está estreitamente ligado ao dom de línguas e ao Batismo no Espírito. A partir dos Estados Unidos, estende-se à América Latina (Brasil, Chile…), assumindo formas diferentes segundo as diversas regiões e evoluindo desde as formas mais tradicionais das denominações do protestantismo histórico a outras formas mais autônomas, sob o impacto da modernidade e da pós-modernidade, com insistência na cura, no exorcismo e na prosperidade.[30]

Estes movimentos acolhem os mais desesperados da sociedade moderna, excluídos pelo sistema neoliberal, e lhes oferecem um supermercado da fé, com acentos mágicos, sincréticos e utilitaristas. Entretanto, muitos de seus adeptos passam por uma profunda conversão que os leva a abandonar drogas, alcoolismo, abusos sexuais e violência familiar.

O mais característico do "pentecostalismo", principalmente o clássico, é o processo que leva da conversão por obra do Espírito ao Batismo do Espírito, que é uma profunda experiência emocional em que se aceita o Cristo como Salvador, é-se possuído pelo Espírito e se recebem dons extraordinários como glossolalia, profecia e discernimento.

Reúnem-se várias vezes por semana em uma comunidade orante, em atmosfera muito livre e espontânea, entre cantos, hinos, murmúrios, palmas, evocação do poder de Deus, manifestações do Espírito, testemunhos de conversão, experiências de cura, em clima de entusiasmo e alegria que lhes dá força para a vida cotidiana e para abandonar os defeitos e abusos morais. Os pastores iluminam o processo com dados e exortações bíblicas, e controlam os excessos.

---

[30] A. G. MENDONZA, "Orígenes del movimiento pentecostal": *Fe y Pueblo*, La Paz, 14 noviembre 1986, 20-21, com bibliografia; C. CALIMAN, "O desafio pentecostal: aproximação teológica": *Perspectiva Teológica* 76 (1996), 295-309; F. DAMEN, "El pentecostalismo": Fe y Pueblo, La Paz, 14 noviembre 1986, 31-39; *Perspectiva Teológica* 119 (2011), número dedicado ao "pentecostalismo".

Suas pautas teológicas partem de: um puritanismo baseado na convicção de serem os eleitos, um milenarismo que anseia pela vida eterna do Reino, a afirmação do sacerdócio universal, um "congregacionalismo" democrático em suas assembleias, um dualismo radical entre Espírito e mundo material, uma visão exclusivamente individualista do pecado.

Evidentemente, há aspectos críticos, como um ambíguo entusiasmo emotivo-coletivo, um estilo de "supermercado religioso" no "neopentecostalismo" e, principalmente, o distanciamento da responsabilidade pública e social. Seu êxito se deve fundamentalmente ao fato de que, em meio à anomia social e à exclusão que experimentam grande parte da sociedade, estes grupos marginalizados e excluídos da educação, da política, da saúde, dos meios de comunicação social e das próprias Igrejas históricas, sentem-se acolhidos, valorizados e ajudados pelas Igrejas pentecostais; sentem-se pessoas, com protagonismo, capazes de palavra e de expressão, em cultos a seu alcance, que os enchem de alegria e melhoram sua vida.

Estes movimentos pentecostais interpelam as Igrejas históricas e nos fazem perguntar-nos até que ponto temos entrado no mundo pessoal e religioso dos pobres e até que ponto temos levado em conta a pneumatologia teórica e experiencial em nossas Igrejas e em nossa teologia.

6.2 Renovação carismática católica

Em 1966, depois do Vaticano II, um grupo de católicos norte-americanos, reunidos na Universidade de Notre Dame, experimentou a presença do Espírito em suas vidas, como antes o haviam sentido as comunidades pentecostais: Batismo do Espírito, dom de línguas, curas... A partir dos Estados Unidos, expande-se pela Europa e América Latina, e pelo resto do mundo. Tanto Ratzinger, em seu *Informe sobre a fé*, como Y.-M. Congar veem neste movimento um fruto positivo do Vaticano II.[31]

Os que participam deste movimento asseguram ter experimentado pela primeira vez a liberdade do Espírito, o dom da salvação, um novo nascimento no Espírito, a pertença à comunidade do Senhor, e dizem que se sentiram renovados, convertidos, transformados, regenerados, cheios de alegria e júbilo.

Este movimento, que nasceu em meios profissionais e altos, estendeu-se imediatamente aos setores populares. Sua semelhança com os movimentos pentecostais é grande, embora a renovação carismática tenha como centro, ordinariamente, a celebração eucarística.

A crítica que se fez à renovação carismática é semelhante à que se havia feito aos movimentos pentecostais: perigo de "emocionalismo" psicológico, individualismo, falta de discernimento, apego a dons extraordinários como glossolalia, evasão das tarefas e compromissos sociais ("greve social")... Ademais, do ponto de vista católico, vê-se o risco de converter-se em comunidades da Palavra, de pouca clareza entre o Batismo do Espírito e a Confirmação, com escassa participação na pastoral de conjunto e com o perigo de constituir uma espécie de seita católica.

Os líderes do movimento carismático reagem diante destas críticas, dando critérios de discernimento na linha de 1Cor 12. O Documento de Malinas, de 1974, reúne grande parte destas

---

[31] V. MESSORI; J. RATZINGER, *Rapporto sulla fede*, San Paolo, Milano 1985; Y.-M. CONGAR, *El Espíritu Santo*, 349-415, con bibliografía.

observações e orientações teológicas e pastorais.[32] Deve-se acrescentar que, desde suas origens até nossos dias, tem havido um processo de amadurecimento e de purificação muito positivo, maior formação bíblica e teológica, maior inserção eclesial na pastoral, maior discernimento, maior compromisso apostólico e social.

Na América Latina, muitos pobres acorrem a estes grupos, seguramente pelos mesmos motivos de anomia social que outros acodem aos pentecostais. Entre ambos os grupos, cresce um sentido de aproximação ecumênica.

Indubitavelmente, surgem também aqui questionamentos para a Igreja e para a teologia católica: como acompanhar estes grupos, como aproveitar seu dinamismo apostólico, como evitar o risco de espiritualismo, que elementos positivos se podem utilizar para os grupos eclesiais como paróquias, comunidades de base, grupos bíblicos e de oração? Não há nestes grupos uma latente acusação de falta de pneumatologia teológica e pastoral em nossas Igrejas católicas, inclusive nas mais libertadoras?

6.3 "New Age"

Estamos diante de uma realidade que, diferentemente das duas anteriores, não nasce do húmus cristão, mas de uma confluência de dados, experiências, intuições e utopias, de uma verdadeira conspiração na qual o científico, o espiritual, o cósmico e o pós-moderno confluem para uma nova era messiânica, ligada à constelação de Aquário, que supera as épocas de Touro (impérios e religiões mesopotâmicas), de Áries (o judaísmo) e de Peixes (o cristianismo).

---

[32] "Le Renouveau charismatique": *Lumen Vitae* 29 (1974), 367-404.

Nesta Nova Era, haverá uma reconciliação total, uma consciência cósmica universal, em um contato imediato com o Absoluto sem mediações históricas nem instituições religiosas, em fusão total com o Uno, de onde tudo é vida, onde todos fazemos parte do universo cósmico, que é como um grande corpo vivo, em coincidência com o "micro" e o "macro", onde o eu é consciência da divindade.

Ante os que desejavam que, com a cidade secular, o sagrado e o espiritual fossem desaparecer, surge com força um movimento, mais espiritual do que religioso, que desmente os prognósticos dos sociólogos e aspira a "reencantar" o mundo. Outra vez a espiritualidade, a mística e o sagrado se configuram de novo e se valorizam positivamente.

Sem dúvida, a partir da fé cristã, há observações críticas e necessidade de realizar um discernimento em todas estas propostas: nosso Deus não é impessoal, mas pessoal; a criação não é panteísmo; a graça não é uma energia cósmica; a revelação não é uma gnose intelectual; a salvação não é simples autorrealização; a ressurreição não é reencarnação....[33]

Contudo, pressupondo-se isto, é indubitável que a *New Age* interpela nosso modo de ser e de pensar, e nos questiona: no fundo, esta conspiração não estará redescobrindo dimensões do Espírito que os cristãos havíamos esquecido e que eles, de modo muitas vezes quase selvagem, estão querendo descobrir?

---

[33] G. DANNEELS, *Le Christ ou le verseau?*, Presses de l'Archevêché, Mechelen 1991; X. MELLONI, "La *New Age*, ¿mística o mistificación?", in *Hacia un tiempo de síntesis*, Fragmenta, Barcelona 2011, 145-162; J. OTÓN, *El reencantament postmodern*, Cruïlla-Fundació Joan Maragall, Barcelona 2012.

7. Questionamentos e interrogações

Tanto o "pentecostalismo" como a renovação carismática, até mesmo a *New Age*, interpelam-nos: que temos feito do Espírito de Jesus em nossa vida, em nossa teologia, em nossa Igreja?

Não é fácil responder a estas questões, tanto mais que nos achamos em um tempo de mudanças profundas: mudança de época; mudança de paradigma; mudança de tempo axial; desaparecimento do Neolítico, presente durante séculos, que estava centrado no templo, no sacerdote e no sacrifício etc.

Enquanto há crise de instituições e da própria religião, dá-se um ressurgimento da espiritualidade e um desejo de experiências espirituais. Por isso, não é estranho que tanto nas Igrejas como fora delas surjam movimentos espirituais, com toda a sua riqueza e toda a sua ambiguidade.

Em um sorites, J. B. Metz expressou a evolução vivida dentro do cristianismo nestes últimos tempos. Passou-se de "Cristo sim, Igreja não" a "Deus sim, Cristo não", para, em seguida, afirmar "religião sim, Deus não" e acabar dizendo "espiritualidade sim, religião não". No entanto, pode-se chamar de cristã uma espiritualidade à margem de Jesus Cristo e da Igreja? Não existe o risco de cair em uma nova gnose, em uma nova forma de "joaquinismo"? Não é necessário voltar à síntese patrística entre as duas mãos do Pai, a do Filho e a do Espírito?

Entretanto, ainda fica em aberto a pergunta sobre se a teologia latino-americana libertadora, muito sensível ao Jesus histórico e à opção pelos pobres, integrou suficientemente a dimensão dos pobres com a pneumatologia. Este será o tema do próximo capítulo.

CAPÍTULO 7
Teologia da libertação e pneumatologia

1. Gênese de um pensamento

Ante a teologia europeia pós-conciliar, que se limita a desenvolver as intuições do Vaticano II, na América Latina surge uma teologia original: a teologia da libertação.

Depois de haver exposto, no capítulo I, a irrupção do Espírito na América Latina nas décadas de 1970 e 1980, seus antecedentes socioeclesiais e algumas de suas consequências, como Medellín e Puebla, o surgimento dos chamados Santos Padres da Igreja dos pobres, as Comunidades Eclesiais de Base, o compromisso dos leigos e leigas com a sociedade e a Igreja, a vida religiosa inserida entre os pobres, o martírio etc., resta-nos agora referir-nos à teologia da libertação, que é a reflexão que surgiu de forma original na América Latina nestes anos, acompanhando todo este processo libertador.[1]

---

[1] Veja-se o magnífico estudo de R. OLIVEROS, "Historia de la Teología de la Liberación", in I. Ellacuría, J. Sobrino (eds.), *Mysterium liberationis* I, 17 50. Cf. V. CODINA, *¿Qué es la teología de la liberación?*, CISEP, Oruro 1986.

Digamos, logo, que não se pode compreender a gênese desta teologia à margem do contexto sócio-histórico e eclesial que a viu nascer. A falta de localização desta teologia em seu contexto se tem prestado a muitas falsas interpretações, mal-entendidos e controvérsias.

Esta mesma teologia também deve situar-se dentro de um processo histórico de tomada de consciência, com diversas etapas, em uma contínua evolução.

Propomos uma gênese histórica desta teologia, desde seus tímidos inícios até sua consolidação em meio a conflitos.

1.1 1959-1968. Busca e progresso

A América Latina sempre havia vivido em dependência teológica da Europa. Também no Concílio Vaticano II e no primeiro período pós-conciliar, os teólogos latino-americanos espelhavam a teologia europeia de K. Rahner, H. Küng, J. Ratzinger, Y.-M. Congar, D.-M. Chenu, H. de Lubac, J. Daniélou, E. Schillebeeckx, O. Semmelroth etc.

Nestes anos do pós-concílio, também na América Latina começou a falar-se, como na Europa, da teologia do trabalho e das realidades terrenas (G. Thils), a teologia do laicato (Y.-M. Congar), do desenvolvimento democrático (J. Maritain), do progresso... A encíclica de Paulo VI, *Populorum progressio*, assinalou uma rota: o novo nome da justiça era o progresso. A isto se acrescenta a teoria econômica do progresso e do desenvolvimento dos economistas do Norte, que viam os povos pobres simplesmente como subdesenvolvidos; a "Aliança para o progresso", de J. F. Kennedy, responde aos mesmos parâmetros desenvolvimentistas.

O Espírito do Senhor: força dos fracos

Contudo, lenta e timidamente, surge a questão de se a América Latina é simplesmente um continente subdesenvolvido e se basta elaborar uma teologia do trabalho, da democracia e do laicato. Há uma progressiva tomada de consciência da situação de pobreza do continente, que não é casual e é grave, e ameaçadora.

Junto desta maturação mais reflexiva, experimenta-se, de forma cada vez mais forte, não só a relação entre a pobreza e os pobres, mas a misteriosa conexão entre o pobre e Cristo, a misteriosa presença do Senhor crucificado nos rostos dos crucificados deste mundo. Esta é a experiência fundante da teologia da libertação, da qual brotará e na qual não teria sido possível que nascesse a teologia da libertação.

Toda teologia nasce de uma experiência espiritual: o Antigo Testamento brota da experiência pascal do Êxodo; o Novo Testamento, da experiência de Jesus morto e ressuscitado; a teologia patrística, da experiência da Igreja como mistério de comunhão; a teologia monástica, da experiência do deserto; o melhor da teologia medieval, da experiência dos mendicantes sobre Jesus pobre; a teologia barroca jesuítica, da experiência espiritual dos Exercícios inacianos; a teologia moderna, a experiência antropológica e experiência do mistério de Deus Criador e Senhor, ligadas à primeira Ilustração etc. A teologia da libertação também nasce de uma experiência espiritual muito peculiar: Jesus entre os pobres, na linha da narração do Juízo Final de Mt 25,31-46.

1.2 1968-1971. Formulação: dependência e libertação

Nestes anos há uma verdadeira sacudida social e eclesial, uma irrupção dos pobres na sociedade e na Igreja, cujo símbolo seria o movimento estudantil ligado ao maio francês de 1968. Na América Latina, encontramo-nos com a elaboração da teoria da dependência por parte dos economistas brasileiros Fernando Henrique Cardoso e Enzo Faletto, os estudos de Paulo Freire sobre *A Pedagogia do oprimido*, o estudo de Eduardo Galeano sobre *As veias abertas da América Latina*, os *Salmos* de Ernesto Cardenal a partir da problemática sociopolítica, a emblemática novela da identidade latino-americana de Gabriel García Márquez em *Cem anos de solidão*, a reflexão de Leopoldo Zea sobre a filosofia latino-americana, os filmes do chileno Miguel Littín e do boliviano Jorge Sanjinés sobre a problemática da pobreza e da dor, o teatro do oprimido do brasileiro Augusto Boal, as pinturas expressionistas do equatoriano Oswaldo Guayasamín... e, do ângulo eclesial, a celebração da Conferência de Medellín (1968), da qual já falamos antes. Neste clima, proliferam as reuniões teológicas, simpósios, artigos, esboços de novas propostas para responder aos novos desafios de cristãos comprometidos com a mudança social, nova gênese de comunidade de base, novos problemas pastorais em torno da justiça, novas intuições bíblicas sobre os pobres etc.

Tudo isso se cristalizará na obra do sacerdote peruano Gustavo Gutiérrez, *Teologia da libertação*,[2] cujo autor é considerado por muitos como o pai desta teologia.

É uma teologia que parte da vida, da história, e volta à práxis histórica, depois de ter-se confrontado com a Palavra de Deus. É a versão latino-americana do "ver, julgar e agir", surgido nos

---

[2] G. GUTIÉRREZ, *Teología de la liberación: perspectivas*, CEP, Lima 1971.

ambientes operários da JOC europeia. Não se dialoga com a primeira Ilustração europeia (Kant), mas com a chamada segunda Ilustração (Marx): com os pobres, a injustiça, o pecado estrutural. "Libertação", palavra com profundas ressonâncias bíblicas, semanticamente é a resposta à situação de dependência do povo latino-americano. Seu contexto vital (*Sitz im Leben*) é um contexto de morte antes do tempo (*Sitz im Tode*). Acrescentamos que, também na mesma data, Rubem Alves, da Igreja evangélica, escreve sua *Teologia da esperança*, o que significa que, diante do tema dos pobres e da justiça, há uma abordagem ecumênica.

A esta primeira geração, pertencem teólogos como J. L. Segundo, H. Assmann, J. Comblin, R. Muñoz, E. Dussel, C. Mesters, H. Borrat, J. C. Scannone, R. Poblete, S. Galilea, R. Ames, L. Gera, A. Büntig, J. Míguez Bonino etc.

1.3 1972-1976. Teologia no exílio e o cativeiro

O relativo otimismo dos anos anteriores, em que muitos que esperavam uma rápida transformação sociopolítica da América Latina (Allende...), logo se viu contrastado com a realidade trágica das ditaduras militares do Cone Sul, Brasil e América Central. A teologia aprofunda o tema do exílio e do cativeiro do povo de Israel e a questão do martírio. À lista de teólogos anteriores, acrescentam-se L. Boff, J. Sobrino, I. Ellacuría, R. Vidales, A. Cussianovich, R. Antoncich, J. Marins, P. Richard, O. Maduro, C. Boff, J. de Santa Ana, P. Trigo, D. Irarrázaval, M. Barros, J. M. Vigil, J. L. Caravias, J. B. Libânio, Frei Betto, F. Hinkelammert, Jung Mo Sung, L. C. Susin, A. Quiroz etc.

Há vários encontros de teólogos da libertação no Mosteiro do Escorial, no México, em Detroit...; surge o grupo "Teólogos do Terceiro Mundo"; tem-se a impressão de que esta teologia cala profundamente e se estende em contextos de opressão e pobreza.

Contudo, junto às dificuldades políticas provenientes das ditaduras militares, começam a levantar-se vozes críticas dentro da própria Igreja latino-americana, cujos expoentes principais são o bispo colombiano López Trujillo, o bispo brasileiro Boaventura Kloppenburg e o jesuíta flamengo radicado no Chile R. Vekemans. Estes opositores radicais veem na teologia da libertação um marxismo disfarçado de Evangelho, uma forma de luta de classes dentro da própria Igreja, uma apologia da violência armada, uma redução da fé ao sociopolítico. Estes inimigos da teologia da libertação vão ter muita influência tanto nos organismos vaticanos quanto em ambientes políticos conservadores e nas agências financiadoras.

1.4 1977-1988. Crescimento em meio a dificuldades

No dia 3 de setembro de 1984, a Congregação para a Doutrina da Fé, presidida pelo Cardeal Joseph Ratzinger, publica a *Instrução sobre alguns aspectos da teologia da libertação* (*Libertatis nuntius*), que é uma dura crítica à teologia da libertação, acusada de: infiltração marxista; imanentismo historicista; politização radical da fé; reinterpretação global da doutrina cristã que nega a fé no Verbo encarnado; opção pelos pobres que se converte em uma opção de classe e na criação de uma Igreja popular contra a Igreja hierárquica; rejeição da doutrina social da Igreja; exegese política da Escritura; secularização do Reino de Deus... A teologia

O Espírito do Senhor: força dos fracos

da libertação seria uma perversão de todos os dogmas da fé e uma grande heresia moderna de amplas consequências.

Esta *Instrução* foi recebida com grande alegria pelos setores conservadores da Igreja e da sociedade; até mesmo o presidente Reagan felicitou Roma por esta medida. De sua parte, os teólogos latino-americanos admitiam o risco do marxismo e condenavam todas as perversões da fé, mas não se sentiam retratados nem representados na descrição que deles se fazia na *Instrução*. Mais ainda, J. L. Segundo, em sua resposta a Ratzinger,[3] afirma que a referida instrução não coloca em questão a teologia da libertação, mas o próprio Vaticano II, visto que parte de um dualismo pré--conciliar entre natureza e graça, salvação e libertação, imanência e transcendência, que foi superado pelo concílio.

Neste clima, em 1984, L. Boff foi chamado a Roma para dar contas de seu livro *Igreja, carisma e poder*, diante do cardeal Ratzinger, e, em 1985, foi-lhe imposto um ano de silêncio, que ele aceitou com exemplar espírito penitencial.

Certamente Roma percebeu que esta instrução tinha ido demasiado longe e, inusitadamente, dois anos depois, em abril de 1986, emitiu uma segunda instrução, *Liberdade cristã e libertação* (*Libertatis conscientia*), na qual se avaliam positivamente os temas relacionados com a libertação (a opção pelos pobres, a promoção da justiça...), elaborando-os à luz da tradição e da doutrina social da Igreja. Em abril do mesmo ano, em uma carta dirigida aos bispos do Brasil reunidos em Itaici, João Paulo II afirmava que a teologia da libertação, bem entendida, não era somente conveniente mas útil e necessária para a América Latina.

---

[3] J. L. SEGUNDO, *Respuesta al Cardenal Ratzinger*, Cristiandad, Madrid 1985.

No entanto, as tensões não desapareceram. A coleção *Teologia e libertação*, que apresentava todos os temas da fé a partir da perspectiva libertadora, foi interrompida por Roma. O gesto ameaçador de João Paulo II a Ernesto Cardenal, em sua visita à Nicarágua, percorreu o mundo. O papa polonês via na teologia da libertação uma revivescência do comunismo que ele havia sofrido na Polônia, e o cardeal Ratzinger interpretava este movimento teológico a partir de sua visão teórica alemã do marxismo e de sua trágica experiência dos estudantes em maio de 1968 na universidade de Tubinga.

Sem negar o direito do magistério de advertir os possíveis riscos de uma teologia e aceitando que, no início, pode ter havido exageros da parte de alguns autores, não se é possível afirmar que a teologia da libertação tenha caído na tentação de reduzir a salvação ao sociopolítico, nem tenha querido construir uma Igreja do povo alternativa à hierárquica. A única coisa que queria é mostrar que a salvação e a graça não têm somente dimensões subjetivas (conversão do pecado pessoal) e escatológicas (a ressurreição da carne e a vida perdurável), mas também implicações e dimensões históricas: libertação do pecado estrutural, da injustiça coletiva. E, neste processo, os pobres são um lugar teológico privilegiado, fora dos quais não há salvação.

2. Conteúdos fundamentais da teologia da libertação

Perante os que opinavam que a teologia da libertação era uma teologia meramente setorial, de genitivo, preocupada unicamente com a justiça e com a mudança de estruturas, na realidade a teologia da libertação trata de todos os temas teológicos a partir da perspectiva dos pobres. A obra coletiva *Mysterium liberationis* é o melhor sinal disso. Sem pretender fazer uma síntese completa de sua temática, indiquemos alguns dos eixos teológicos mais significativos.

Há uma leitura popular da Escritura que parte da realidade do povo pobre e crente, que devolveu a Palavra aos pobres, libertando-a dos exclusivismos exegéticos elitistas. Os círculos bíblicos proporcionados por Carlos Mesters e Javier Saravia podem ser um exemplo disso. Isto não nega uma abordagem científica da Bíblia (P. Richard, E. de la Serna, G. da Silva Gorgulho etc.), mas se trata sempre de uma leitura a partir dos pobres.

A cristologia foi, talvez, o tratado mais elaborado (J. Sobrino, L. Boff, J. L. Segundo, H. Echegaray, C. Palacio, C. Bravo etc.), destacando a importância do Jesus histórico, de seu projeto do Reino, do chamado ao seguimento, da paixão como resultado de suas opções pelos pobres e excluídos em conflito com o antirreino, e da ressurreição como respaldo do Pai ao projeto e opções de Jesus. A cristologia concretiza-se nos crucificados da história, que precisam ser libertados (I. Ellacuría).

A marialogia desenvolveu o rosto materno de Deus e a dimensão profética de Maria do *Magnificat* (L. Boff, M. C. Luccheti Bingemer, Ivone Gebara etc.).

A eclesiologia desenvolveu-se a partir das Comunidades Eclesiais de Base, em uma verdadeira "eclesiogênese" geradora de uma Igreja dos pobres, que nasce do povo pobre por obra do Espírito e que se deve converter continuamente ao Reino (L. Boff, J. Sobrino, I. Ellacuría, A. Quiroz etc.).

A história da Igreja, promovida a partir do grupo CEHILA, dirigido por E. Dussel, relê toda a história da Igreja latino-americana a partir da base, dos vencidos.

A antropologia teológica reelabora a salvação a partir da dimensão história da graça libertadora (G. Gutiérrez, J. B. Libânio, J. Comblin, P. Trigo etc.), uma libertação que antecipa a escatologia na história.

O conceito de Deus se enriquece com o tema do Deus dos pobres, o Deus da vida, cuja glória consiste em que o homem, concretamente, o pobre, tenha vida (G. Gutiérrez, J. Sobrino, R. Muñoz etc.).

A teologia trinitária é enfocada a partir da dimensão comunitária, como a melhor comunidade (L. Boff, A. González etc.).

A religiosidade popular é tratada partindo-se de nova perspectiva, não como desvalorização da fé, mas como lugar teológico onde se expressa a fé dos pobres (D. Irarrázaval, S. Galilea etc.).

Também se produz uma espiritualidade libertadora, que anima a vida do povo em seus diferentes carismas (laicais, presbiterais, de vida religiosa etc.), desentranhando a dimensão espiritual implícita na opção pelos pobres, ajudando a beber no poço regado pelo suor e pelas lágrimas do povo pobre e pelo sangue martirial (G. Gutiérrez, J. Sobrino, J. M. Vigil, dom Pedro Casaldáliga, N. Jaén, C. Cabarrús, S. Galilea, S. P. Arnold, a equipe de teólogos da CLAR etc.).

Contudo, uma vez chegados aqui, podemos perguntar-nos pelo lugar que ocupa a pneumatologia nesta chave teológica libertadora.

Em primeiro lugar, é preciso afirmar que a teologia da libertação nasce de uma experiência espiritual ligada à opção pelos pobres e pela justiça; que as experiências cristãs que estão na base do projeto libertador são experiências do Espírito; que o Espírito é aquele que faz nascer a Igreja a partir do povo, aquele que anima as comunidades de base, que possibilita seguir Jesus até o martírio, que anima a fé do povo pobre e sua luta cotidiana por um mundo mais justo, o que alimenta as opções da vida religiosa inserida, os compromissos dos leigos e mulheres por seu povo, a ação pastoral dos grandes pastores e bispos latino-americanos a serviço dos mais pobres, o martírio. Neste sentido, a libertação é libertação com Espírito (J. Sobrino).

Todavia, podemos continuar investigando se se elaborou uma verdadeira pneumatologia, uma reflexão teológica explícita sobre o Espírito na teologia da libertação. E aqui a resposta há de ser mais sóbria e mais matizada.

3. Novo contexto socioeclesial

Desde 1989, a sociedade mundial e latino-americana, a Igreja e a teologia entraram em nova fase, uma vez que o contexto social e eclesial havia mudado. A queda do muro de Berlin, em novembro de 1989, marca a derrocada do socialismo real nos países do Leste. O ataque terrorista do 11 de setembro de 2001 às torres gêmeas do World Trade Center de Nova York e ao Pentágono provoca nos Estados Unidos uma forte reação antiterrorista. Em âmbito mundial, passa-se do confronto Leste-Oeste a um monopoder liderado pelos Estados Unidos, que buscará afiançar seu poderio político armamentista atacando países do Terceiro Mundo árabe, por considerá-los sede do terrorismo mundial. Com esta queda do

Víctor Codina, sj

socialismo do Leste, entram em crise muitas esperanças e utopias que até então haviam alimentado muitos setores da sociedade e da Igreja latino-americanas.

Por outro lado, difunde-se a atitude pós-moderna, que critica a modernidade (tanto a primeira quanto a segunda Ilustração); dá-se uma passagem da sociologia para a psicologia; substitui-se Prometeu por Narciso; renuncia-se aos grandes relatos; há uma concentração na vida, na privacidade e na cotidianidade da vida, no desfrutar o instante (o "*carpe diem*" horaciano); existe uma religiosidade difusa (como a nebulosa esotérica da *New Age*) e uma religião "à la carte". Já não se fala de solidariedade nem de compromisso político, mas de vencer na vida e ter um bom nível de vida.

Como elementos positivos da pós-modernidade, cabe destacar a revalorização de temas como a subjetividade, o "micro", o corpo, a afetividade e a sexualidade, a natureza, o gênero, a estética, a festa, a religião e a mística.

Por outro lado, uma série de reuniões de cúpulas mundiais, organizadas pela ONU nestes anos, revelam a emergência de novos problemas e de novos agentes sociais. Destaquemos a reunião de cúpula do Rio de Janeiro, de 1992, sobre a ecologia, a de 1994, no Cairo, sobre a população, as de 1995, em Copenhague (sobre a pobreza) e em Pequim (sobre a mulher) e a de 1997, em Quioto, sobre ecologia. A ecologia e a mulher serão novos temas que a teologia deverá tratar, juntamente ao velho e agravado tema da pobreza.

Na América Latina se inicia uma nova época em todo o continente latino-americano, onde, fora de Cuba, todos os países instauraram a democracia, mas esta se vê ameaçada pela pobreza e pelas pressões de organismos internacionais que insistem em reformas estruturais de corte neoliberal. Cessaram as guerrilhas e surgem com força os movimentos populares e indígenas, e a sociedade civil. Há como uma apatia e resignação de muitos setores e aumenta o desconcerto dos jovens. Estamos muito longe dos anos 1970-1980, embora recentes mudanças políticas (Venezuela, Bolívia, Equador...) apontem para algo que se está movendo na América Latina.

Se passamos para o âmbito econômico, constatamos que, uma vez vencido o socialismo comunista do Leste europeu, o único modelo econômico que se impõe a todo o mundo como solução de todos os problemas é o neoliberalismo. A globalização, que se estende a todo o mundo e que unifica povos e culturas através das novas tecnologias e dos meios de comunicação social, impõe o sistema econômico neoliberal e o estilo de vida norte-americano como ideal para todos os povos: "Fora do neoliberalismo não há salvação"; "chegamos ao final da história" (Fukuyama).

A consequência desastrosa desta nova ordem econômica mundial é o aumento da pobreza, a passagem da dependência dos países pobres para a prescindência dos pobres, que passam de pobres a excluídos, a massas sobrantes, que já não interessam ao sistema, pois não contam economicamente. São insignificantes (G. Gutiérrez), "nadas" (E. Galeano), vítimas (J. Sobrino). Em toda a América Latina aumentou a pobreza, cresceu o desemprego, e a dívida externa constitui uma pesada carga insuportável.

Como dado positivo, em meio a este panorama desolador, constatamos as diversas celebrações, desde 2001, do Foro Social Mundial, em Porto Alegre, Bombaim, Caracas, Nairóbi..., onde, sob o grito de "outro mundo possível", se expressa o mal-estar atual e a necessidade de buscar soluções alternativas ao neoliberalismo (cujos representantes se reúnem em Davos a cada ano), embora ainda não apareça no horizonte uma alternativa real ao modelo até agora imperante.

Se passamos agora à esfera eclesial, tanto da Igreja universal como da Igreja da América Latina, podemos constatar que se passa da primavera eclesial do primeiro pós-concílio para um duro inverno eclesial: nova centralização eclesial, limitação das Igrejas locais e do exercício da colegialidade, nomeação de bispos mais seguros do que proféticos, freio ao ecumenismo, retrocesso na liturgia, implantação do Catecismo da Igreja Católica como síntese do concílio, conflitos com ordens religiosas, promoção de movimentos eclesiais laicais de ar conservador etc.

No âmbito latino-americano, deve-se destacar a quarta conferência do episcopado da América Latina, reunida em Santo Domingo, primeira sede da Igreja no novo continente. Sob o lema "Nova evangelização, promoção humana e cultura cristã", desenvolveu-se um amplo debate que mostrou certa desconfiança da cúria romana ante o caminhar da Igreja local latino-americana: a opção pelos pobres, as comunidades de base, a teologia da libertação, os mártires, sua visão crítica da conquista e até mesmo da primeira evangelização. A cúria romana parecia mais preocupada com o problema das seitas do que com a fome e a pobreza da América Latina. Em Santo Domingo se abandonou o método latino-americano do "ver/julgar/agir", mas, apesar disso, conseguiu-se reafirmar a linha de Medellín e Puebla em sua opção pelos pobres e pela vida, e se tratou de temas novos como a inculturação da fé nas culturas, tanto moderna como indígena e afro-americana, a terra e a ecologia, os direitos humanos, a dignidade da mulher, a democracia, a integração latino-americana, a promoção humana, o empobrecimento e a solidariedade etc.

Nestes anos, vão desaparecendo da América Latina muitos dos bispos que participaram do Vaticano II, como Helder Camara, morto em 1999, e Aloísio Lorscheider, em 2008, enquanto outros bispos, muito significativos no período anterior, aposentam-se (Arns, Casaldáliga...) e são consagrados novos bispos com outra postura. Contudo, não cessa ainda o martírio de bispos, como Gerardi, na Guatemala (1998), e Duarte, na Colômbia (2002). Há certa nostalgia dos grandes bispos dos anos 1970-1980, que foram chamados "Santos Padres" da América Latina.

A quinta conferência do episcopado, a de Aparecida, foi melhor do que se temia, embora pior do que se havia desejado. Seu tema "Discípulos e missionários de Jesus Cristo para que nele nossos povos tenham vida" recuperou o método tradicional latino-americano: partiu-se de uma análise da realidade social e eclesial da América Latina, com suas luzes e suas sombras; esta realidade foi iluminada a partir da perspectiva da vocação cristã a ser discípulos e missionários de Jesus Cristo, para, em seguida, passar ao compromisso missionário a serviço da vida plena de nossos povos. Aparecida assume as grandes opções da Igreja latino-americana e do Caribe: pelos pobres, pelas comunidades de base, pela inculturação da fé, pelo protagonismo dos leigos etc.

Talvez a novidade maior de Aparecida consista em ter feito uma opção pela formação cristã dos leigos e de agentes pastorais. Constata-se que há uma crise e uma debilitação da fé e que não se poderá sustentar uma vida cristã reduzida puramente a moralismo, ritualismo e doutrinarismo, com débil participação eclesial e com um divórcio com a vida. Por isso se insiste em fomentar uma experiência espiritual e pessoal com o Senhor, que leve a uma conversão pessoal que torne os batizados verdadeiros discípulos e missionários. Esta experiência espiritual deve ser alimentada com uma formação cristã, inicial e permanente, que se insira na vida comunitária da Igreja (paróquias, Comunidades Eclesiais de Base, pequenas comunidades etc.) e que leve a um compromisso missionário com forte dimensão social: luta pela promoção humana e pela justiça, libertação integral, abertura às culturas, aos novos areópagos, defesa da ecologia, atenção aos novos rostos dos pobres etc. A Igreja é convocada a passar de uma pastoral conservadora a uma pastoral missionária. A América Latina está em estado de missão.

4. Nova situação teológica na América Latina

Se passarmos agora para a situação da teologia latino-americana, desde 1989 se inicia realmente uma nova etapa. Tudo se tornou mais obscuro e confuso.

Como interpretar esta situação e que resposta dar a estes fatos?

Na prática, há três respostas possíveis. Uns dizem que a teologia da libertação e a Igreja libertadora já morreram com a queda do marxismo, que foi uma moda passageira, felizmente.

Outros afirmam que nada passou e tudo segue adiante, como nos anos 1970.

Outros creem que mudaram as circunstâncias: certamente há elementos do passado que são irrenunciáveis, mas também é preciso revisar o passado e abrir-se a novas perspectivas. Vejamos, com mais detalhes, cada uma destas três posturas.

Há muitos interessados em afirmar que a teologia da libertação morreu depois de 1989. Alguns analistas comparam, a este respeito, a viagem papal a Nicarágua, em 1983, com a de 1996. Em 1983, o Papa João Paulo II foi recebido com um discurso revolucionário de Ortega, repreendeu Ernesto Cardenal e confrontou-se com os sandinistas, que queriam que o papa rezasse por suas vítimas dos Contras. Na viagem papal de 1996, Violeta Chamorro, que venceu os sandinistas nas urnas, veste branco, beija o papa na bochecha, e toda a viagem parece um passeio triunfal. A teologia da libertação já morreu...

As críticas que muitos dos setores da Igreja dirigiam à teologia da libertação parecem ter cessado, pois creem que, com o desaparecimento do marxismo, esta teologia deixou de existir. Somente o católico norte-americano M. Novak continua atacando esta teologia porque, segundo ele, não liberta realmente o povo; ele propõe como única salvação o capitalismo neoliberal, que é como o Servo de Yahweh: desprezado por todos, mas o único que realmente salva.

Contudo, podemos alegremente pensar que tudo foi um pesadelo, que é preciso voltar atrás, dizer adeus aos pobres e a Medellín, e aceitar o neoliberalismo como o único sinal dos tempos que salva? Não foi assumida pela Igreja universal a opção pelos pobres, como proclamou o próprio João Paulo II em sua carta *Novo millennio ineunte*, 51? Mesmo que o Leste europeu tenha deixado de ser comunista, permanecem os pobres da América Latina, que foram os que suscitaram esta reflexão teológica, e sua situação de pobreza se agravou desde 1989.

Outra segunda postura é a daqueles que dizem que a teologia da libertação goza de boa saúde e tudo deve continuar como até agora, pois a pobreza da América Latina, longe de ter diminuído, aumentou nestes últimos anos.

Os representantes desta postura afirmam, com toda razão, que a opção pelos pobres é irrenunciável, que o princípio libertação é essencial à Igreja, que é preciso continuar baixando da cruz os crucificados deste mundo, que a memória dos mártires é algo sagrado. Não é possível voltar atrás.

Entretanto, podemos perguntar-nos se as mudanças vividas nestas últimas décadas não afetam de algum modo uma teologia que se distinguiu sempre por partir da realidade. Por que as novas gerações não se associam a esta corrente, mas têm outros interesses? Por que os mais pobres dentre os pobres não vão às comunidades de base, mas aos pentecostais (J. Comblin)? A mudança social e eclesial não exige uma reflexão também nova?

Por isso, a terceira postura distancia-se tanto da primeira, que diz que tudo já passou, quanto da segunda, não no que afirma, mas no que silencia. Há muitos teólogos (L. Boff, R. Muñoz, P. Trigo, P. Richard, D. Irarrázaval, J. B. Libânio, C. Boff, C. Palacio, A. Brighenti, Jung Mo Sung etc.) que acreditam que, na realidade, alguma coisa mudou; que a teologia da libertação se acha em uma situação de crise, o que não significa necessariamente morte, pois pode ser uma crise de crescimento, desde que se formule corretamente e se enfoque bem.

Incluímo-nos nesta terceira postura e vamos apresentar tudo o que supõe.[4]

---

[4] Cf. V. CODINA, "Las Iglesias del continente 50 años después del Vaticano II", in *Memorias del Congreso de Teología de Unisinos (Brasil), 2012*, 81-97; id., "Teología de la liberación 40 años después": *Revista Latinoamericana de Teología* 90 (2013), 263-278.

4.1 Nova análise para nova realidade

A teologia da libertação partiu sempre da realidade e, concretamente, da realidade de pobreza que nos rodeia. Na formulação de I. Ellacuría, trata-se de "assumir a realidade".

Esta análise implica certa experiência pré-socrática de uma realidade que golpeia, fere, estremece e se converte para o cristão em verdadeira experiência espiritual.

E esta pobreza não é casual, mas têm causas reais. Por isso, a teologia latino-americana começou sempre pelo que se chama mediação socioanalítica, ou seja, pela análise social da realidade.

Esta mediação socioanalítica realizou-se levando em conta as ciências sociais, entre outras, o marxismo. Esta foi, como vimos, uma das raízes das incompreensões e ataques contra a teologia da libertação, como se esta aceitasse a ideologia marxista, quando, na realidade, limitava-se a usar os mesmos métodos de outros analistas sociais e que a própria doutrina social da Igreja usa para analisar a realidade de pobreza.

Agora toda esta situação mudou notavelmente, depois da queda do socialismo real nos países do Leste. A tensão já não é Leste-Oeste, mas Norte-Sul. A teoria da dependência tornou-se estreita para explicar a totalidade das novas situações de hoje, em um mundo onde a economia e a política possuem uma crescente globalização, e os processos entrelaçam-se em escala mundial.

A idolatria do mercado (F. Hinkelamer) ou monoteísmo do mercado (R. Garaudy) produz novas vítimas: as crianças de rua, as mulheres, os jovens inadaptados, os desempregados, as gangues de jovens. Alguns chamam de "limpeza social" a operação de fazer desaparecer de nossa vista esta imundície.

Diante desta situação de pobreza, têm razão os que dizem que é preciso reforçar ainda mais a opção pelos pobres. Trata-se de defender a vida do povo, como fizeram em seu tempo, os profetas de Israel e o próprio Jesus de Nazaré. O tema do Deus da vida se converte em chave em um mundo de morte. Optar pelos pobres é, hoje, na América Latina, defender a vida das maiorias empobrecidas e condenadas à morte em todo o continente, baixar da cruz os crucificados da história.

Aqui também aparece a necessidade de não esvaziar o conteúdo das utopias sociais, embora tenha fracassado certo tipo de socialismo real. A justiça, a solidariedade e a fraternidade continuam sendo ideais para todo aquele que quer ser justo e cristão. Não podemos limitar-nos aos pequenos relatos da cotidianidade.

Contudo, dito tudo isso, é preciso ir além. Como já dissemos, vivemos em um mundo não somente pós-marxista, mas pós-moderno. As ciências sociais da segunda Ilustração, das quais faz parte o marxismo, pertencem à modernidade típica do século XIX. E a modernidade entrou em crise, tanto em sua versão da primeira Ilustração (centrada na razão instrumental) como em sua versão da segunda Ilustração (centrada na razão militante). Por isso, alguns autores, como Agenor Brighenti, começam a falar da emergência da terceira Ilustração, centrada na alteridade, nos outros e outras: outras culturas, outras religiões, outro gênero (mulheres...), outros seres vivos (terra, ecologia, a vida), outros setores etários (jovens...), outras dimensões humanas (corpo, afetividade, sexualidade, outras orientações sexuais...) e, finalmente, abertura ao Outro (o mistério de Deus, religiosidade, gratuidade, festa, oração). Esta terceira Ilustração já não se inspira em Kant e Marx, mas em Nietzsche e em outros autores mais próximos, como Lévinas, Habermas e Ricoeur, insistindo na razão simbólica, na necessidade do diálogo e da comunicação, na vida etc.

A crise atual conduz-nos, pois, a ultrapassar a própria modernidade, ir além das análises sociais e políticas. Dito de forma mais concreta, temos de completar a análise social, econômica e política com a análise antropológica, cultural, de gênero, ecológica e religiosa. Temos de completar as contribuições válidas da razão ilustrada com as da razão simbólica, que é mais ampla e polissêmica. Não se trata de retroceder, mas de avançar.

Expresso em termos de gênero, a Ilustração moderna, tanto a primeira quanto a segunda Ilustração, foram sumamente patriarcal e androcêntrica. A terceira Ilustração introduz elementos mais femininos, ecológicos e holísticos.

Isto significa que a teologia da libertação foi demasiadamente "moderna", "ilustrada", certamente para dialogar com as teologias modernas do Norte, mas em prejuízo dos países pobres do Sul, que vivem outra lógica.

Esta abertura à razão simbólica tem grandes consequências para a teologia da libertação. Sempre se disse que a mulher e os índios são os mais pobres e oprimidos, o que é certo. Agora, porém, se trata de algo diferente: considerar a mulher, as culturas, as religiões e a terra não puramente como objetos de opressão, mas como sujeitos ativos, com novas propostas e novos paradigmas. A mulher e os indígenas não são simplesmente o proletariado (*Lumpenproletariat*), uma subclasse ou um departamento da teologia,

Víctor Codina, sj

mas novos lugares humanos e teológicos de grande riqueza, que oferecem opções alternativas às tradicionais. Passa-se da teologia do clamor à teologia do rosto. Não se vive somente de pão. Isto se conecta com o que já dizia a teologia da libertação desde o começo: o povo da América Latina é pobre e crente.

Tudo isso tem grandes consequências teológicas e eclesiais. A realidade do povo da América Latina não se explica sem a capacidade de resistência que o povo tem, em decorrência de suas raízes culturais e religiosas, do papel da mulher, da sua relação com a terra. O povo carece de pão, mas também de flores e festa, trabalho e ternura, beleza, saúde e respeito pela terra, resistência e esperança. A libertação há de ser integral. Por isso, muitos projetos de desenvolvimento, pensados a partir da razão progressista do Primeiro Mundo, fracassam na América Latina se não levam em conta a vertente cultural, espiritual e religiosa dos povos do Sul.

Resumindo, diante da realidade em transformação de nosso mundo, temos de completar a análise socioeconômica com as questões de gênero, corporalidade e afetividade, cultura, religião e ecologia. A teologia da libertação clássica fica aquém da tarefa que se lhe imagina.

4.2 Nova iluminação teológica

A mediação hermenêutica, centrada na Palavra de Deus e na fé, constitui a pedra angular da reflexão teológica libertadora.

À luz da Palavra, a teologia da libertação há de continuar afirmando que a pobreza e a morte de nossos povos são contrárias ao plano de Deus, é um pecado pessoal e estrutural. Permanece em vigor o desígnio salvífico de Deus, formulado como o Reino por Jesus, como refletiu a cristologia da libertação. O seguimento de Jesus, concretamente em sua opção pelos pobres, continua sendo fundamental para compreender o cristianismo. Este Reino é conflitivo e, por isso, Jesus acabou na cruz. O Pai, ao ressuscitá-lo, confirmou o caminho de Jesus e de suas opções. A eclesiologia enfatizou que a Igreja deverá ser Igreja dos pobres, sacramento histórico da libertação, em conversão contínua rumo ao Reino de Deus. Sobrino afirma que *"extra pauperes nulla salus"* ["Fora dos pobres não há salvação"].

Tudo isto é conhecido. No entanto, depois de 1989, alguns, como María López Vigil, se perguntam se não temos sido demasiado messiânicos, com o messianismo dos zelotes; se não temos sido demasiado voluntaristas e ligados à luta de classes, não levando em conta outras dimensões humanas; se não temos sido demasiado materialistas, esquecendo-nos de que as pessoas não vivem somente de pão. Outros teólogos, como J. I. González Faus, julgam que se identificou a força teológica dos pobres (que é inegável e evangélica) com a força histórica dos pobres, cuja debilidade foi demonstrada na história, pois os pobres continuam sendo pobres. Outros, como Jung Mo Sung, se perguntam se a utopia do cristianismo de libertação não fracassou.

Carlos Cabarrús faz um balanço bastante crítico destes anos:

> Para os que vivemos nestas latitudes (da América Latina), em épocas não muito remotas, já nos caíram por terra muitos sonhos: morreram nossos projetos, ruíram nossas idealizações, muita gente se perdeu – e das mais valiosas –, em prol de todas essas utopias que quisemos realizar. Equivocamo-nos em muitas análises que julgávamos corretas. É preciso reconhecer que eram

fechadas, muitas vezes apoiadas não em dados científicos, mas em simples anseios. Satanizamos em muitas ocasióes os que "não estavam conosco"; de alguma maneira, também idealizamos o povo, ideologizamo-lo, excluímos os(as) pecadores(as) de serem também destinatários principais da mensagem de Jesus e do Reino.

Tudo isto nos fez criar uma espiritualidade concentrada unicamente numa coisa: mudar estruturas, mas descuidando o trabalho pessoal complicado da transformação do coração humano. De alguma maneira, revivemos certo pelagianismo: conquistávamos tudo com a vontade, com a organização, com a força. Não reconhecemos espaços autônomos entre a fé e a justiça; vivemos a síntese aparente entre esses dois elementos como algo que se conquistava, não como algo que se recebe e se celebra.

Em tudo isso, esquecemo-nos da festa, da alegria, do saber descansar. Assumimos uma atitude de espartanos que tendia a fadigar-nos; não concedemos os espaços vitais à oração pessoal e séria. Na prática, esquecemo-nos do discernimento; não aprendemos a trabalhar-nos na esfera pessoal, não nos demos a tarefa de aprender a viver mais em caravana. Não fizemos sempre um exercício de descobrir falácias e mentiras.

Isto não quer dizer que não se tenha consolidado nada sério no que se refere ao compromisso ou que não se tenham feito conquistas históricas reais. No âmbito da consciência, houve avanços; no que tange à formulação de direitos humanos da humanidade, também.[5]

---

[5] C. CABARRÚS, *Cuaderno de bitácora para acompañar caminantes*, Desclée de Brouwer, Bilbao 2001³, 21.

Deixando de lado os aspectos mais sociológicos e antropológicos, já examinados antes, passemos agora a sondar o tema do Reino de Deus, chave para a teologia da libertação.

O conceito de "reino" é um termo teologal e teológico, a dimensão para fora da Trindade: é Deus que vem a nós, é a vinda de Cristo que se nos comunica mediante o Espírito (Rm 5,5). E o núcleo estrutural deste Reino é o mistério pascal de Jesus, sua morte e ressurreição. O Reino, que é vida, começa já nesta vida, principalmente nos pobres, e culmina na vida eterna.

A relação entre história e Reino pode ser pensada de muitas maneiras e, ao longo da história, teve diversas manifestações; houve vários projetos históricos do Reino de Deus.

Nossa pergunta é se a teologia da libertação não caiu em certo messianismo milenarista ao aceitar, de forma inconsciente e pouco crítica, este conceito moderno de tempo que condiciona a interpretação do Reino. O tempo bíblico é um tempo de graça, encarnado na história humana, mas segundo o esquema pascal do grão de trigo que morre para dar fruto (Jo 12,24). É um tempo sempre aberto à possível novidade de Deus, à sua vinda na carne, à sua Páscoa, à sua última vinda. É tempo de espera e de esperança, que transcende todo planejamento e toda previsão. O Reino não chega com o poder econômico e político, nem com algumas ideologias, mas com o espírito das bem-aventuranças, que tem nos pobres os primeiros destinatários. A novidade do Reino ultrapassa e transcende os diversos projetos culturais e históricos da Igreja.

O Reino não pode ser definido apenas a partir de Cristo, mas também a partir do Espírito. O Reino implica a ação do

Espírito em nossa história, que age a partir de dentro, com uma estrutura pascal, sempre com novas formas de presença. A teologia da libertação precisa completar sua cristologia e sua eclesiologia com a pneumatologia. Do contrário, corre o risco de cair em certo voluntarismo moralista, em ideologia que, com o tempo, acaba por desfazer-se e esvaziar o conteúdo da mensagem evangélica.

Em termos bíblicos, o Cristo que liberta os pobres e cativos é o Cristo ungido pelo Espírito (Lc 4,14-21), que realiza o anúncio messiânico dos profetas (Is 11,1-10; 61). Jesus, cheio do Espírito, é o único capaz de fazer chegar o Reino de Deus e libertar de toda opressão. O Reino está ligado ao dom do Espírito.

4.3 Nova práxis libertadora

A mediação prática ou práxis é o termo final de toda teologia da libertação. A teologia da libertação é uma reflexão que nasce da prática e desemboca em nova prática transformadora da realidade. Trata-se não somente de "assumir a realidade", mas de "encarregar-se da realidade" e de "carregar a realidade", como dizia Ellacuría.

Esta afirmação, conhecida e repetida com frequência, também mudou hoje, e deve ser repensada depois de 1989.

Nos anos 1970-1980, falava-se, com certo otimismo, de mudança de estruturas e de caminho rumo ao socialismo, como se tudo estivesse no dobrar da esquina. Hoje estamos sem um horizonte concreto rumo ao qual caminhar. Não possuímos uma alternativa global ao sistema neoliberal, não podemos fugir para uma utopia ou paraíso inexistente, não podemos tampouco chorar com nostalgia por aquilo com que sonhávamos nos anos 1970. Não nos resta alternativa senão inserir-nos profundamente no mundo que temos e que é preciso transformar.

Em outras palavras, caíram os grandes relatos, os metarrelatos que, no fundo, eram produto do século XIX, e somente temos pequenos relatos, pequenas narrações libertadoras, que apontam para o grande relato do Reino.

Em lugar de pensar em grandes mudanças estruturais, em grandes revoluções, em tomada do poder, parece mais eficaz começar de baixo, com mudanças pequenas, que vão transformando a realidade, até refazer o novo tecido social, cultural e eclesial. Temos de passar de elefantes a formigas (P. Richard).

É preciso favorecer a consciência cívica em um mundo onde os políticos estão desprestigiados; devem-se aprovar os novos movimentos sociais (feministas, indígenas e afro-americanos, direitos humanos, pacifistas, ecologistas, voluntariados etc.); é mister denunciar o sistema atual como excludente das grandes maiorias e destruidor do cosmo.

O desafio é como transformar a realidade sem necessariamente tomar o poder. É preciso colaborar com os novos sujeitos sociais, que se distinguem entre si por suas determinações de classe, etnia, cultura, gênero, geração.

É essencial construir uma espiritualidade de resistência cultural, ética e espiritual no interior do sistema atual; uma espiritualidade do como viver no mundo sem ser do mundo (P. Richard). No âmbito da Igreja, deve-se favorecer a leitura popular da Bíblia, sobretudo nas comunidades de base, para que vá surgindo outra forma de ser Igreja.

Como o definiu Pedro Trigo, trata-se de buscar um imaginário alternativo tanto ao imaginário do mercado neoliberal quanto ao imaginário revolucionário: trata-se de um imaginário ligado à casa do povo e a seu tempo, que é a cotidianidade, onde a mulher desempenha um papel muito importante, tudo se concentra na defesa da vida, com relações humanas sensíveis à cultura, à festa, à religião e à tradição histórica e ecológica. Na casa do povo, não entram os ilustrados.

Nos limites da América Latina, há uma série de acontecimentos que foram emergindo nestes últimos anos e que mostram que algo está mudando. Não é somente a derrocada das ditaduras militares e a implantação da democracia. É, antes de tudo, o surgimento da sociedade civil, das mulheres, dos povos indígenas, dos movimentos populares, dos novos movimentos sociais. O gigante adormecido durante séculos começou a despertar; alguns países distanciam-se do sistema neoliberal e do império, e tentam buscar outros modelos de desenvolvimento em meio a ambiguidades e contradições; é necessário muita paciência, tolerância e principalmente discernimento: a cizânia mistura-se ao trigo, mas não se pode extinguir a presença do Espírito (1Ts 5,19-20).

5. Consequências pneumatológicas

Poderíamos afirmar que a impetuosa irrupção do Espírito na América Latina nestes anos não foi suficientemente tematizada em uma pneumatologia reflexiva e sistemática. Há uma riqueza de vida, de experiência espiritual, de compromisso, mas pouca tematização sobre a relação entre Espírito e libertação.

Nos últimos anos, porém, tem havido um esforço de aprofundamento da pneumatologia. E foi José Comblin o pioneiro nesta empreitada teológica.[6] Partindo da experiência do Espírito, Comblin passa a refletir sobre a presença do Espírito não somente nas pessoas e na Igreja, mas também no mundo, na criação e na história, concretamente nos pobres:

> O Espírito age na história pela mediação dos pobres. Quando os pobres conseguem agir na história, ali está agindo o Espírito de Deus.[7]

Comblin articula esta ação do Espírito com a cristologia (as duas mãos do Pai, segundo Irineu) e a Trindade.

Em resumo, escreve:

> O Espírito está na origem do clamor dos pobres. O Espírito é a força que se dá ao que não tem força. Conduz à luta pela emancipação e pela plena realização do povo dos oprimidos. O Espírito age na história e por meio da história. Não a substitui, mas penetra nela por meio dos homens e das mulheres.
>
> Os sinais da ação do Espírito no mundo são claros: o Espírito está presente onde os pobres despertam para agir, para a liberdade, para tomar a palavra, para a comunidade e para a vida.[8]

---

[6] J. COMBLIN, *Tiempo de acción*, CEP, Lima 1986; id., *O Espírito Santo e a Libertação*, Petrópolis, Vozes, 1987.; id., "Espíritu Santo", en *Mysterium liberationis* I, 619s; id., *O Espírito Santo e a Tradição de Jesus*, Nhanduti, São Bernardo do Campo 2012.

[7] J. COMBLIN., *O Espírito Santo e a Libertaçã*o, 75.

[8] Ib., 238.

Por outro lado, Comblin considera muito importante a experiência do "pentecostalismo" na Igreja de hoje e, concretamente, na América Latina, e afirma que, desde a Reforma, não havia surgido um movimento espiritual tão profundo e extenso como o atual "pentecostalismo". Segundo ele, como já vimos, os mais pobres acodem a estas comunidades pentecostais, a respeito das quais têm uma visão bem mais positiva.

Expressões tão claras sobre a atuação do Espírito através dos pobres não as temos encontrado nem na patrística, nem na teologia medieval, nem na teologia oriental, nem na teologia moderna pós-conciliar. A partir da América Latina, dos pobres como lugar teológico, há uma luz que permite ver com maior claridade a relação entre Espírito e pobres, entre o Espírito e a base: o Espírito age a partir do *de profundis* da história.

Maria Clara Lucchetti Bingemer vê uma estreita relação entre a *kenosis* do Espírito na história e sua ação sempre em favor dos que estão mais oprimidos. Já Paulo adverte contra o risco de identificar o Espírito com os fenômenos extraordinários (glossolalia...) e, em troca, relaciona o Espírito com o serviço e o amor, com a alegria nas tribulações: o Espírito leva à práxis, age no sentido contrário e faz eclodir o novo a partir de situações de morte.

O Espírito Santo age na história por meio das vítimas da história, ou seja, por meio dos pobres. Age, portanto, a partir da base, não de cima; a partir dos oprimidos, não das autoridades civis ou religiosas. O seguimento de Jesus passa pela *kenosis*, por um compromisso "encarnatório" e sem retorno junto aos pobres, para edificar o Reino de Deus. O Espírito do Senhor está onde está a verdadeira liberdade que, descendo ao submundo de todos os sofrimentos humanos, faz brilhar a partir dali a esperança da salvação de Deus que é Pai, Filho e Espírito, Deus que é amor e habita em nós.[9]

Também Diego Irarrázaval reflete sobre a pneumatologia sul-americana.[10] Há formas implícitas de ver a ação do Espírito, como a leitura comunitária e popular da Escritura, o Espírito na enculturação, no intercultural, no feminino, no ecológico e no carismático das Igrejas. No entanto, também já existem obras maiores de pneumatologia acadêmica,[11] que se vão consolidando a partir dos anos 1980 e 1990.

É uma pneumatologia muito ligada ao caminhar do povo, com forte vivência da energia cósmica do Espírito na criação, com um sentido da mística da justiça, do respeito às culturas e às tradições indígenas, do mistério de Deus. Começam as reflexões sobre os movimentos pentecostais e "neopentecostais", com toda a sua problemática e questões, que convidam a um diálogo ecumênico e a um verdadeiro discernimento de espíritos. Também os movimentos carismáticos dentro do catolicismo merecem atenção e discernimento.

Na América Latina, há uma polifonia de vivências pneumatológicas e pentecostais, abertas a um macroecumenismo do Espírito.

---

[9]   M. C. LUCCHETTI BINGEMER, "El amor escondido. Notas sobre la *kenosis* del Espíritu en Occidente": *Concilium* 342 (2011), 63-76.

[10]   D. IRARRÁZAVAL, "Comprensión vivencial del Espíritu en Sudamérica": *Concilium* 342 (2011), 137-147; id., *Itinerarios en la fe andina*, Verbo Divino, Cochabamba 2013; id., *Indagación cristiana en los márgenes. Un clamor latinoamericano*, Ediciones Alberto Hurtado, Santiago de Chile 2013.

[11]   Concretamente, citamos obras de G. Gutiérrez, J. B. Libânio, J. C. Scannone, S. Galilea, J. Sobrino, J. Comblin, I. Gebara, V. Codina, L. Boff, R. Ferraro e C. Galli (eds.).

A cristologia latino-americana, centrada no Reino e nos pobres, agora é retomada a partir da chave do Espírito, um Espírito e um Reino cujo poder reside no frágil (1Cor 1,26–2,16). Aparecida convida-nos a superar as estruturas caducas e a abrir-nos ao que o Espírito nos diz através dos novos sinais dos tempos (*Documento de Aparecida*, 366).

D. Irarrázaval contempla a sabedoria "pneumática" no meio do frágil povo de Deus, agitado por dores de parto e frágeis certezas, um povo que supera os esquemas econômicos e mentais e nos aproxima da sabedoria da cotidianidade e das pessoas comuns movidas pelo Espírito. É uma pneumatologia que surge das margens, do clamor do povo marginalizado, do clamor marginal dos pobres e excluídos.

Maria José Caram elabora uma profunda e original pneumatologia a partir do mundo andino,[12] na qual, depois de refletir sobre a ação do Espírito na história e no mundo à luz da Palavra, da tradição e do magistério da Igreja, concentra-se em discernir os sinais do Espírito presentes no mundo andino.

Por trás da dura época da colônia, quando se obscureceu o sol como na cruz de Jesus (Lc 23,44), aparecem no mundo andino sinais da vida do Espírito em meio a dores de parto da mãe-terra, a Pachamama, com seus ritos e significados, onde o povo experimenta o Espírito libertador da morte. Nasce uma Igreja autóctone, "inculturada" no mundo indígena quéchua, com sua sabedoria integral e harmônica, com sua consciência de fraternidade, com

---

[12] M. J. CARAM, *El Espíritu en el mundo andino. Una pneumatología desde los Andes*, Verbo Divino, Cochabamba 2012.

uma fé cheia de esperança, ligada à terra rosto materno de Deus, uma fé e uma santidade suscitadas pelo Espírito de vida.

A novidade é que as vozes do povo andino, unidas às de todos os que desejam um mundo mais justo e humano, provêm dos setores esquecidos, do mundo dos pobres, das mulheres e das culturas milenares. Do subsolo brota a esperança e o desejo de libertação, mesmo em meio a um viés dramático. Nesta luta cotidiana do povo pela vida, à qual a Igreja andina uniu seus esforços, detectamos a presença universal e vivificante do Espírito do Senhor.

Leonardo Boff publicou, em 2013, uma verdadeira pneumatologia latino-americana.[13] Para ele, o Espírito age principalmente na crise do universo e da humanidade.[14] É o Pai dos pobres, está infalivelmente ao lado dos pobres, independentemente de sua situação moral, porque foram privados de vida, e o Espírito quer dar-lhes vida através de nossos braços. Boff analisa as irrupções modernas do Espírito na América Latina (Vaticano II, Medellín, a Igreja libertadora e a renovação carismática católica) e na história moderna (queda do império soviético, a globalização, os Foros Sociais Mundiais e a consciência ecológica),[15] e vê no Papa Francisco uma volta à tradição de Jesus: ao Jesus histórico, aos pobres e à pessoa humana.[16]

Esta pneumatologia, que continua nas linhas de todo o tratado teológico (fundamento bíblico, concílios e tradição,

---

[13] L. BOFF, *O Espírito Santo. Fogo interior, doador de vida e Pai dos pobres*, Vozes, Petrópolis, 2013.

[14] Ib., 59-68

[15] Ib., 16-22.

[16] Ib., 28.

reflexão teológica etc.), tem contribuições originais em relação à "pneumatização" de Maria e do feminino e,[17] principalmente, no desenvolvimento do Espírito como criador, *creator Spiritus*, como energia do universo presente desde o *big bang*, em um diálogo inédito com as novas cosmologias modernas. Relaciona o Espírito com a "cosmogênese" e com seu tríplice princípio de "complexificação" ou diferenciação, de interiorização ou subjetividade e de "inter-relacionalidade" ou conectividade, mostrando que tudo é movido pela energia do Espírito, que faz do universo seu templo vivo, no qual todos somos irmãos que formam uma comunidade de vida cósmica.[18] O que os cientistas chamam de vazio quântico, fonte originária de todo ser, absoluto, alimentador de tudo, energia fontanal, abismo gerador etc., é o que nós, a partir da fé, podemos invocar como Espírito Santo, energia cósmica que tudo move e que alcança seu ápice na hominização consciente.

Esta pneumatologia de L. Boff conecta e aprofunda suas interessantes contribuições anteriores sobre a ecologia, e une o clamor dos pobres com o clamor da terra, a emergência da consciência planetária, a urgência de uma mudança radical de postura diante da terra, a fim de passar de uma postura "ecocida" e satânica de destruição para uma atitude franciscana de cuidado, respeito, veneração pela terra.[19] E toda a sua exposição está escrita em um estilo cativante,

---

[17]   Ib., 95, 103, 167-174.

[18]   Ib., 175-192.

[19]   L. BOFF, *Ecologia. Grito da terra, grito dos pobres*, Ática, São Paulo 1995; id., *Saber cuidar. Ética do humano – Compaixão pela terra*, Vozes, Petrópolis 1999; id., *Ética da vida*, Letraviva, Brasília 1999; id., *Proteger la tierra, cuidar la vida: como escapar del fin del mundo*, Nueva Utopía, Madrid 2011 etc.

O Espírito do Senhor: força dos fracos

poético e profundamente espiritual, e conclui comentando os hinos clássicos ao Espírito, *Veni Creator Spiritus* e *Veni Sancte Spiritus*.[20]

Em síntese, o Espírito é o primeiro a chegar e ainda está chegando. Foi a primeira pessoa divina a entrar em nossa história, fez sua morada em Maria, desceu sobre Jesus e sobre a primeira comunidade cristã, continuou descendo sobre toda pessoa, batizada ou não, precede sempre os missionários e, uma vez dentro na história, nunca a abandona e sempre anuncia coisas novas. O mundo está grávido do Espírito e, mesmo em meio ao espírito da iniquidade, o Espírito é invencível e age nos momentos mais dramáticos: os cadáveres revestem-se de vida, o deserto floresce, os enfermos saram e os pobres obtêm justiça.[21]

6. Tentativa de recapitulação

A partir da irrupção do Espírito na América Latina nas décadas dos anos 1970 e 1980, surgiu a originalidade da teologia da libertação, com seus acertos, intuições e riquezas evangélicas, ligadas ao seguimento do Jesus histórico pobre de Nazaré, a seu projeto do Reino, à sua opção pelos pobres, à sua morte a serviço da vida e à esperança da ressurreição pascal que confirma sua vida e suas opções.

Junto a esta cristologia libertadora, nasceu uma eclesiologia das comunidades de base, uma verdadeira "eclesiogênese", outro modo de ser Igreja, com nova antropologia, com uma espiritualidade popular e também martirial.

---

[20] L. BOFF, *O Espírito Santo*, 245-265.
[21] L. BOFF, *O Espírito Santo*, 267-268.

Contudo, esta teologia, questionada e acusada por setores do magistério por crer que tinha infiltração marxista, debilitada no tempo por certo ar milenarista, por uma práxis paternalista, voluntarista e machista, com o risco de perder dimensões de contemplação e de gratuidade, viu-se sacudida pelas mudanças sociais e eclesiais dos começos dos anos 1990. Isto obrigou a nova análise da realidade, a nova leitura teológica a partir da fé e a nova práxis.

Neste novo contexto, surgiu uma polifonia de tendências e de aspectos inauditos na teologia da libertação, que se abriu à ecologia, à presença da mulher,[22] às culturas e religiões indígenas,[23] à pneumatologia. O mundo do socioeconômico e político, sem desaparecer, integrou-se a novas temáticas e sensibilidades.

Precisamente, o Espírito de Pentecostes, que foi derramado sobre toda carne, é que permitiu esta abertura e radicalizou e aprofundou a cristologia e a eclesiologia libertadoras, respeitando e enriquecendo-se com as diferenças e com a diversidade de temas e sujeitos.

E esta pneumatologia que surgiu ultimamente, e que ainda está em processo de dar maiores frutos, é uma pneumatologia ligada aos pobres, aos excluídos: é uma pneumatologia que nasce da base,

---

[22] Se, nos anos 1970-1980, poucas teólogas incursionaram na teologia da libertação, atualmente são numerosas, e sua contribuição com olhos de mulher é sumamente original e valiosa. Enumeremos Elsa Támez, Ivone Gebara, Maria Clara Lucchetti Bingemer, Ana Maria Tepidinho, Teresa Porcile, Antonieta Potente, Bárbara Bucker, Maricarmen Bracamontes, Georgina Zubiría, Luzia Weiler, Sofía Chipana, Alcira Ágreda, Adriana Curaqueo, Isabel Barroso, Virginia Azcuy, María José Caram etc.

[23] Aqui se deveria citar extensamente a chamada teologia índia, que tem como um de seus promotores o sacerdote mexicano zapoteca Eleazar López; acrescentem-se as figuras de Paulo Suess, Roberto Tomichá, Calixto Quispe etc.

ao rés do chão, entre as dores de parto, em meio aos gemidos da criação e do povo.

Desse modo, foi-se produzindo uma síntese evangélica e teológica entre Espírito e pobres, entre pneumatologia e libertação dos pobres. Se Bento XVI pôde dizer em Aparecida que a opção pelos pobres estava implícita na fé cristológica (*Documento de Aparecida*, 393), podemos agora acrescentar que a opção pelos pobres faz parte de nossa fé pneumatológica. Não podia ser de outra maneira, porque o Espírito é quem nos leva a Jesus e, no confronto com a vida de Jesus de Nazaré, discerne-se o verdadeiro Espírito do Senhor.

Resta-nos, agora, tirar algumas consequências teológicas e pastorais desta íntima relação entre a pneumatologia e os pobres da terra.

CAPÍTULO 8
Conclusões

Não é fácil sintetizar brevemente tudo o que foi expresso nestas páginas; no entanto, há uma série de constantes que se repetem continuamente e que nos permitem tirar algumas conclusões.

1. Chegamos a estas conclusões a partir da experiência da irrupção do Espírito na América Latina através do movimento de libertação dos pobres e da injustiça dos anos 1970-1980. A partir deste lugar teológico privilegiado, podemos reler a Palavra, a tradição e a fé da Igreja com olhos novos e, assim, chegar a estas consequências.

2. Comecemos afirmando que, embora tudo tenha sido criado em Cristo e ele seja o alfa e o ômega de tudo o que foi criado, em quem tudo tem sua consistência, desde a criação do mundo até a parusia escatológica do Senhor, a pessoa histórica de Jesus de Nazaré só esteve visivelmente presente em nosso meio durante cerca de 33 anos. O resto do tempo foi a presença invisível e silenciosa, mas vivificante, do Espírito que guiou o universo e a humanidade para a segunda vinda do Senhor Jesus, preparando primeiramente seus caminhos antes de sua vinda e levando a cabo a missão de Jesus depois da Páscoa, até sua segunda vinda.

3. Esta presença constante do Espírito, Senhor e vivificador, Espírito criador que enche o universo, manifesta-se de modo especial em momentos de caos, de crise, de confusão, de aparente morte física ou social, para suscitar, a partir desta realidade em perigo, vida em abundância. Isto é válido desde o *tohu wabohu* e o *big bang* das origens até os momentos de mudanças históricas, épocas de opressão social e também para as noites escuras eclesiais. Sempre age a partir do *de profundis* da criação e da história.

4. Neste sentido, aparece como constante o fato de que o Espírito age a partir da base, dos que estão em perigo, dos pobres e insignificantes, e sempre em função deles, para que tenha vida e vida em abundância, mesmo que o Espírito às vezes utilize outros meios e instrumentos nos pobres para realizar sua missão.

5. Isto explica o fato de que, em momentos em que a história e também a Igreja percorrem caminhos contrários ao Reino, o Espírito suscita um polo profético na sociedade e na Igreja, fazendo surgir líderes religiosos, profetas e profetisas, movimentos carismáticos, místicos(as), santos(as), artistas, poetas, movimentos sociais, políticos e culturais, que defendem os valores do Reino de Deus, embora muitas vezes estas vozes proféticas estejam mescladas com o erro e o pecado da fragilidade humana, com a densidade da contingência.

6. Precisamente esta constante ambiguidade de tudo o que é "criatural" e humano exige uma tarefa de contínuo discernimento para distinguir o que procede genuinamente do Espírito do que nasce do pecado, da carne, da mentira e da limitação humana. É preciso distinguir o trigo da cizânia, auscultar e discernir os sinais dos tempos, como toda a tradição espiritual ensina.

7. O único critério válido para discernir a presença do Espírito Santo nas pessoas, grupos, movimentos, comunidades, religiões e culturas é o confronto com a vida, morte e ressureição de Jesus de Nazaré. Nele se discernem os espíritos. Todo espírito que negue a Jesus, que se oponha a seu projeto de vida do Reino, tudo o que divide a comunidade eclesial, o que leva à destruição e morte, principalmente dos mais débeis e pobres, não é do Espírito do Senhor Jesus. E, ao contrário, tudo o que produz alegria verdadeira e vida, principalmente nos pobres, é o do Espírito Santo.

8. O motivo último da centralidade de Jesus no discernimento radica no fato de que as duas missões do Pai, a "mão" do Filho e a do Espírito, estão em perfeita comunhão e integração: o Espírito conduz a Jesus e Jesus confere o Espírito; ambas as "mãos" realizam o desígnio salvador do Pai, o único projeto de salvação, o Reino de filiação e de fraternidade universal.

9. Por isso, é preciso criticar tanto o "cristomonismo", tentação contínua e herética da Igreja ocidental, como o "pneumatomonismo" dos movimentos espiritualistas e entusiastas, desde montanista, "joaquinitas" e *fraticelli* até os "pentecostalismos" modernos, que correm o risco de marginalizar a figura de Jesus e derivar em uma gnose.

10. A ação do Espírito a partir da base está em perfeita coerência com a opção de Jesus pelos pobres e pequenos, com o desígnio do Pai de fazer deles os destinatários privilegiados da revelação dos mistérios do Reino.

11. Mais ainda, é o Espírito quem realiza o mistério da encarnação de Jesus no seio de uma jovem desconhecida, de um povoado pobre da Galileia, chamado Nazaré; é também o Espírito que desce sobre Jesus em seu Batismo no Jordão, que o conduz ao deserto e ilumina-lhe a opção por um messianismo pobre e humilde, nazareno, não davídico; opção que o levará à cruz, mas também à ressurreição pascal, por obra também do Espírito vivificador.

12. Por isso, à afirmação de Bento XVI, em Aparecida (2007), segundo a qual a opção pelos pobres está implícita em nossa fé cristológica, podemos acrescentar que a opção pelos pobres está também implícita em nossa fé pneumatológica.

13. Isto nos leva a aprofundar-nos no mistério trinitário, vendo o Espírito não somente com o vínculo amoroso de união entre o Pai e o Filho (*Filioque*), mas também como o que está presente na filiação do Filho (*Spirituque*); portanto, a ordem (*taxis*) tradicional do Pai-Filho-Espírito pode ser enriquecida com a ordem Pai-Espírito-Filho, em conformidade com a tradição patrística. Tudo isso reflete o mistério da vida trinitária (a Trindade imanente), em uma misteriosa comunhão das pessoas divinas (*perichoresis*).

14. Do que se deduz que, partindo dos pobres como lugar teológico, não somente se compreende a opção de Jesus por eles e a ação do Espírito a partir da base, mas também o mistério do Pai, cuja onipotência reside em seu esvaziamento amoroso, em sua entrega para fora, em sua clemência e misericórdia, em suas entranhas maternais que se comovem diante das dores e do sofrimento de seus filhos. Se o Espírito é Pai dos pobres, é porque o Pai é o Pai pobre e dos pobres. Isto rompe a lógica mundana, centrada na prepotência dos poderosos e dos grandes da terra. Deus nunca é um Deus sem nós, concretamente, nunca é um Deus sem os pobres da terra.

15. De tudo isso se podem deduzir algumas consequências pastorais. É preciso partir da experiência espiritual, da "mistagogia", antes de iniciar a evangelização do *kerigma* e, evidentemente, antes da catequese. Esta experiência espiritual leva necessariamente à opção pelos pobres e muitas vezes nasce do contato com eles. A mística converte-se em profecia e em práxis libertadora. Não se pode falar de Cristo sem falar dos pobres. É necessário levar a sério que aos pobres foram revelados os mistérios do Reino e partir do potencial evangelizador dos pobres. Assim surgirá uma teologia mais narrativa do que dogmática e racional, mais simbólica, contemplativa e cósmica do que dialética; uma cristologia de Jesus de Nazaré ungido pelo Espírito; uma Igreja nazarena pobre e a partir dos pobres, em continuidade com o Espírito de Jesus, que caminha conjuntamente com outros em direção ao Reino, pela força do Espírito; uma teologia sacramental a partir dos "sacramentais" (sacramentos dos pobres), da fé do povo (*fides qua*) como base para a fé do Credo (*fides quae*).

16. O "a partir da base" do Espírito se abre aos diferentes e aos diversos, ao gênero e às diversas configurações sexuais, às diferentes idades, às diversas culturas e religiões e, portanto, implica o diálogo entre religiões, culturas, sexos e idades. O Espírito é o Espírito de Pentecostes, contrário a Babel: o Espírito da pluralidade de línguas e da diversidade multiforme de carismas, um Espírito sempre cheio de novidades, que sempre chega antes dos missionários.

17. Esta pneumatologia a partir da base está envolvida com o cósmico, com levar a cabo a criação que começou no vento do

Espírito, com chegar à constituição dos novos céus e da nova terra, com libertar a terra da escravidão, com transfigurar tudo em Cristo.

18. E, em último lugar, esta pneumatologia a partir da base tem consequências eclesiológicas que implicam nova imagem e novo estilo de Igreja, pobre e dos pobres, solidária, sinodal, descentralizada, que cure feridas, ultrapasse as fronteiras, tenha odor de ovelha, cuide da criação, não tenha medo da ternura; que viva o júbilo e a alegria do Evangelho, que reverencie tudo o que de positivo existe nas culturas e nas religiões, que respeite as consciências, que não tenha medo da novidade do Espírito.

19. Por fim, o Espírito, ao fazer memória continuamente de Jesus de Nazaré, prepara-nos para a segunda vinda do Senhor; abre-nos a uma contínua novidade, ao dinamismo e ao fogo interior, à transfiguração de pessoas, grupos, sociedades e cosmo. Estamos em tempo de advento, preparando sempre a vinda do Senhor, de um Senhor que vem continuamente, vem a cada dia, até que chegue a escatologia final.

20. Finalizemos com uma invocação "epiclética", pedindo ao Pai que derrame sobre nós o Espírito de Jesus: "Vem, Espírito Santo, pai dos pobres e pequenos, dos peregrinos que caminhamos rumo ao Reino! Venha a nós o teu Espírito!".

Epílogo

Francisco, o novo bispo de Roma, vindo "do fim do mundo", do Sul, não confirma nossa tese de que o Espírito age ao rés do chão, a partir da periferia?

Francisco, como jesuíta, assumiu a linha da Congregação 32 da Companhia de Jesus sobre a opção pela fé e pela justiça (1974-1975); como argentino, participou do movimento libertador da Igreja latino-americana, suscitado desde Medellín e Puebla, e também da corrente teológica argentina, centrada principalmente na teologia do povo, em sua cultura e religiosidade popular (L. Gera, F. Tello, J. Allende, J.-C. Scannone, J. Seibold etc.). Isto se refletiu em sua trajetória episcopal em Buenos Aires (simplicidade e em austeridade pessoal, proximidade dos setores pobres das favelas ["villa miséria"] e dos seus párocos ["villeros"], e isto se manifesta agora em sua pastoral como bispo de Roma.

Diferentemente de seus dois predecessores, Francisco não é um professor acadêmico especialista em filosofia e teologia, mas um pastor, como João XXIII. Seus numerosos gestos simbólicos, que cativaram o mundo inteiro, e suas homilias com suas expressões gráficas (odor de ovelha, ir às fronteiras, arruar a fé...) transpiram Evangelho. Em sua exortação apostólica *Evangelii gaudium* denuncia profeticamente o atual sistema econômico injusto que mata os pobres (53-59), reafirma a dimensão social da fé (177-186), expressa seu sonho de uma Igreja pobre e para os pobres (192-209), reafirma a piedade popular como lugar teológico (122-126), mas tudo isso sempre movido pelo Espírito do Ressuscitado. Francisco deixa-se levar pelo Espírito, confia nele, invoca-o e ressalta a importância da espiritualidade para renovar a Igreja (275-280).

Esta mudança de clima pastoral, esta esperança de uma nova primavera eclesial que tem surgido em toda a Igreja depois de um duro inverno, não é um momento estelar, um tempo de graça, um *kairós*, suscitado pelo Espírito do Senhor que, uma vez mais, age a partir da base?

Rua Dona Inácia Uchoa, 62
04110-020 – São Paulo – SP (Brasil)
Tel.: (11) 2125-3500
http://www.paulinas.com.br – editora@paulinas.com.br
Telemarketing e SAC: 0800-7010081